GIACOMO BRUNO

POSIZIONA IL TUO BRAND

I Segreti del Brand Marketing per il Posizionamento del tuo Marchio

Titolo

"POSIZIONA IL TUO BRAND"

Autore

Giacomo Bruno

Editore

Bruno Editore

Sito internet

http://www.brunoeditore.it

Sommario

Introduzione

In questa guida ti parlerò di **posizionamento**: del posizionamento di un prodotto, di quello di un brand, del tuo come professionista, del tuo brand personale. Il posizionamento di un brand si basa su **sette segreti**: sono i sette segreti che ho estrapolato studiando le strategie delle più grandi aziende, dei più grandi brand, dei più grandi marchi conosciuti da tutti, in tutto il mondo.

Parlo, tra gli altri, di Coca-Cola, di BMW, di Mercedes. Ti accorgerai di come gli stessi principi che hanno portato questi grandi marchi al successo possono essere applicati a qualunque cosa e a chiunque: al tuo prodotto, alla tua azienda, al tuo corso di formazione, al tuo coaching, al tuo ebook o libro e a te come autore.

Parleremo, dunque, anche di brand personale. In questo caso il brand sei tu: è la tua persona, la tua identità, quello che sei e che trasmetti agli altri.

I SETTE SEGRETI PER POSIZIONARE IL TUO BRAND

Keyword	associa una parola chiave o un argomento ben preciso a te stesso o al tuo prodotto;
First	arriva per primo se vuoi ottenere un certo posizionamento ed esserne leader per sempre;
Nicchia	trova una tua nicchia, anche piccolissima, in modo che tu possa essere il primo e unico nel tuo campo;
Naming	scegli un nome attraente e accattivante per il tuo prodotto o per la tua nicchia;
Demo	dimostra la tua competenza per far risaltare la tua autorevolezza nella tua nicchia di mercato;
Web	partecipa alle conversazioni online e sfrutta la visibilità e la potenza di internet;
Focus	rimani focalizzato e non fare estensione di linea.

Come trasmetti ciò che sei? Attraverso quello che hai scritto: il tuo ebook, le tue pubblicazioni, il tuo articolo o commento su un blog. Tutti questi fattori possono influenzare la tua reputazione online: quello che la gente pensa di te, come ti vedono le persone che leggono ciò che scrivi.

Capiremo come internet sia una delle chiavi del successo, perché oggi la visibilità su internet conta più che mai. Si può dire che oggi siano i motori di ricerca a decidere la reputazione di una persona. Cerchi il tuo nome su Google, visualizzi i risultati e ti rendi conto se le persone parlano bene o male di te e del tuo prodotto o servizio. Tutto ciò influenza ciò che sei e come vieni percepito.

Il posizionamento è un discorso che, in Italia, non ha ancora trovato il giusto spazio. Spesso si parla delle quattro leve del marketing, o **quattro P**, teorizzate da Jerome McCarthy: **product** (prodotto), **price** (prezzo), **place** (distribuzione) e **promotion** (promozione), tuttavia non si parla mai della quinta P, e cioè il **posizionamento**. Il posizionamento è un concetto che va oltre il classico marketing e riguarda ognuno nello specifico: è la propria strategia per conquistare una posizione di successo all'interno del mercato. Lo affronteremo ampiamente nelle pagine seguenti.

LE CINQUE P

Product	il tuo prodotto o servizio in genere;
Price	il prezzo al quale decidi di vendere il tuo prodotto;
Place	i luoghi ove decidi di distribuirlo;
Promotion	il modo in cui intendi promuoverlo;
Positioning	è la tua strategia per conquistare una posizione di successo all'interno del mercato.

Per quanto riguarda la mia esperienza di editore, posso dirti che anche per gli autori della nostra casa editrice il volume delle vendite varia a seconda di quanto ciascuno è noto al pubblico; ciò significa che le vendite non sono tanto in relazione al singolo argomento, che può essere più o meno interessante, quanto più a chi se ne occupa. Per contro, alcuni argomenti vendono più di altri perché promettono di far soldi, di guadagnare o perché sono meglio targettizzati.

Per esempio, gli ebook nei quali si parla di investimenti, di immobili, di finanza attirano persone che hanno soldi da spendere o hanno una buona formazione di base in materia, ma quando si tratta di manuali sulla crescita personale e professionale è più difficile trovare lettori disposti a spendere, a investire su se stessi.

In quest'ultimo caso, però, possono giocare positivamente altri fattori: al di là dell'argomento, una bella pagina di vendita sicuramente aiuta, e sapere chi c'è dietro aiuta ancor di più. È essenziale distinguersi, specie adesso che, sulla scia di ciò che è già successo in America, gli ebook si stanno diffondendo e il fatturato mondiale degli ebook sta crescendo in modo esponenziale.

Il posizionamento è tutta una questione di percezione. Percezione: sempre una P.

Un'altra importante P è quella della PNL, Programmazione Neuro-Linguistica. Probabilmente sai che sono Trainer di Programmazione Neuro-Linguistica, la neuroscienza che studia l'eccellenza umana in tutte le sue sfaccettature, prendendo a modello i migliori nel loro campo: dai più grandi dirigenti d'azienda ai più grandi comunicatori, ai più grandi terapeuti.

Negli ultimi quarant'anni sono stati svolti vastissimi studi su tutto ciò che funziona e sulle persone che riescono a fare bene il proprio lavoro nella crescita personale, professionale e finanziaria.

La PNL studia ciò che succede nella nostra mente, e ci dice che ciascuno di noi tende a modificare la realtà oggettiva attraverso i propri filtri mentali, trasformandola così in realtà soggettiva. Ciò che percepiamo come realtà, dunque, non è che la nostra realtà soggettiva. Per cui quando, ad esempio, pensiamo alla pasta, ci verrà in mente una certa marca di pasta. Magari la Barilla, perché è il più famoso brand di pasta, o la De Cecco, perché si è specializzata nella nicchia delle paste che non scuociono.

Fatto sta che nella nostra mente ciascuna parola è associata a un'immagine mentale, e se conosci la PNL sai che questi meccanismi funzionano costantemente. Attraverso i canali sensoriali visualizziamo immagini, ascoltiamo suoni, in altre parole avvertiamo sensazioni associate a una determinata esperienza, a un determinato oggetto.

Lo studio del brand affrontato dal punto di vista della PNL ci conferma che l'accoglienza buona o cattiva che un prodotto riceverà presso il pubblico è questione di percezione. Quindi un brand non è oggettivamente migliore o peggiore di un altro; una pasta non è necessariamente di qualità migliore o peggiore rispetto a un'altra, così come non è detto che un ebook sia migliore o peggiore di un altro. Può darsi, però, che un ebook venda di più perché dietro quel prodotto c'è una persona che, nel tempo, si è costruita un'identità, che ha suscitato credibilità e fiducia nel pubblico; che ha un pubblico affezionato che compra i suoi prodotti perché vi trova scritte cose intelligenti, esposte in maniera chiara e gradevole. Si tratta di una serie di fattori che il cliente associa a quel dato ebook, a quel certo prodotto o a quel determinato autore, così continua a seguirlo e ne decreta il successo.

Ciò che imparerai da questo ebook potrai applicarlo, in seguito, a tutto ciò che ti riguarda: alla vita privata per migliorare i tuoi rapporti affettivi e relazionali, e alla vita professionale per dare più rilievo al tuo lavoro, al tuo prodotto o al tuo ebook.

La percezione è tutto. C'è una storia carina che vorrei raccontarti in proposito: uno zio, dovendo costruire una fabbrica di scarpe in Sudafrica, decide di inviare i suoi due nipoti in avanscoperta, con il compito di studiare il territorio per valutare la possibilità di fare affari in quei luoghi. Qualche tempo dopo questo zio riceve la telefonata del primo nipote che gli dice: «Zio, qui è un vero disastro! Camminano tutti scalzi, quindi non c'è mercato per le scarpe».

Lo zio, disperato, risponde: «Accidenti! Come faccio? Avrei voluto espandere la mia attività, e per farlo avevo pensato al mercato sudafricano!» Trascorsi alcuni giorni è l'altro nipote a telefonare: «Zio, l'opportunità che ci si presenta qui è fantastica: nessuno usa ancora le scarpe e quindi saremo i primi a lanciarle sul mercato. Il commercio è tutto nostro: è fantastico!» A quel punto lo zio recupera tutto il suo entusiasmo.

Come vedi, per qualsiasi situazione ci sono sempre due modi di vedere le cose, come ci insegna il famoso bicchiere mezzo pieno o mezzo vuoto. Se è così che funziona la percezione umana, devi sfruttarla a tuo vantaggio e fare in modo di trasmettere agli altri ciò che vuoi. Non lasciare al caso ciò che le persone decideranno di pensare di te, del tuo ebook, del tuo libro, della tua azienda – se sei tu, l'azienda – o anche del tuo articolo sul blog. Pensa a ciò che fai, cerca di capire cosa c'è dietro a un corretto posizionamento e mettilo in pratica.

Analizziamo ora le peculiarità dei sette segreti di un buon brand, ossia **Keyword**, **First**, **Nicchia**, **Naming**, **Demo**, **Web**, **Focus**. Ti parlerò, approfondendoli uno a uno, di questi che ritengo siano i principi più importanti per posizionarsi bene ed emergere rispetto alla concorrenza.

Come ti dicevo, non solo studieremo le aziende più famose, ma porteremo anche esempi riguardanti alcuni autori piuttosto noti della Bruno Editore in modo da "modellarli", ovvero cercare di capire cosa c'è di buono nelle strategie di chi ha successo e sfruttarle a proprio vantaggio.

Buona Lettura!
Giacomo Bruno

GIORNO 1:

Come scegliere e posizionare il tuo Brand

Il primo segreto è quello della **Keyword**. Per fartelo comprendere meglio ti riporto degli esempi: L'autore che voglio prendere in esame è Alfio Bardolla e tiene corsi di formazione sugli immobili, sul trading e sul wellness finanziario.

In questo caso c'è reciprocità fra l'autore e il suo prodotto di punta: i seminari sugli immobili. Quando si pensa ad Alfio Bardolla si pensa agli immobili e quando si pensa agli immobili e alla formazione immobiliare si pensa ad Alfio Bardolla. È riuscito a posizionarsi così bene in questo settore che c'è un reciproco scambio tra lui e il suo servizio: Alfio↔*Investire in immobili*, *Investire in immobili* ↔Alfio.

È un posizionamento perfetto se si pensa al fatto che ha conquistato una keyword, ossia una parola chiave, che non è stata inventata da lui ma che è piuttosto una parola generica come "immobili". Si tratta di un posizionamento molto solido e difficile da conseguire. Dunque ha svolto un ottimo lavoro.

SEGRETO n. 1: è facile ottenere un buon posizionamento con una keyword nuova, di tua invenzione.

Un ulteriore esempio di relazione biunivoca tra autore del servizio e servizio stesso riguarda proprio il caso della Bruno Editore. Se si parla della Bruno Editore si pensa agli ebook e, viceversa, se si parla di ebook viene in mente la Bruno Editore. Per cui: Bruno Editore↔ebook, ebook↔Bruno Editore.

Per gli autori della Bruno Editore, gli iscritti al programma di affiliazione e coloro che seguono il blog o che sono iscritti alla newsletter questa associazione è piuttosto immediata; in realtà non solo per loro.

Infatti, se un giornalista deve scrivere un articolo sugli ebook e si guarda intorno o fa un minimo di ricerca per capire chi sono gli opinion leader, quali sono le aziende leader del settore, arriva sempre e comunque alla Bruno Editore. Ed è per questo motivo che a me capita ogni giorno di essere chiamato da una rivista, un quotidiano, un sito web, una redazione. Ciò significa che l'associazione tra la Bruno Editore e il settore degli ebook è riconosciuta anche a livello nazionale dalla stampa e dalla televisione.

SEGRETO n. 2: il posizionamento ottenuto con una keyword generica è, sì, più difficile, ma una volta conseguito è molto solido.

L'ultimo esempio di questo tipo riferito a un nostro autore riguarda, non a caso, Giancarlo Fornei. Il suo caso è diverso dai precedenti; come puoi notare la freccia che lo collega al suo prodotto ha una direzione unica, indica un'associazione univoca.

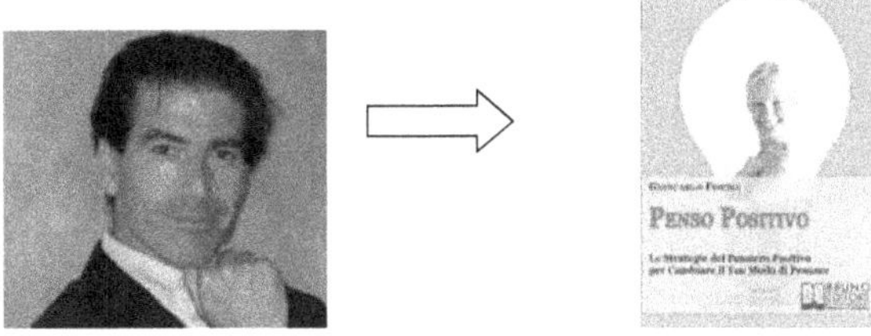

Ti dice che Giancarlo Fornei è autore di *Penso positivo*. L'ebook ha venduto bene e il suo autore è riconosciuto sul nostro blog come "quello del pensiero positivo". Quando scrive un articolo e parla del pensiero positivo tante persone commentano e partecipano, quindi è considerato molto competente. E lo è, infatti l'associazione c'è: Giancarlo Fornei→pensiero positivo; ma non viceversa: non c'è associazione tra l'argomento "pensiero positivo" e Giancarlo Fornei, ossia l'autore non è riconosciuto come il più esperto in questo settore.

Coloro che vengono dall'esterno, che non fanno parte del gruppo di autori della Bruno Editore, che non sono affiliati, che non seguono il nostro blog o non sono iscritti alla newsletter, se cercano un testo sul pensiero positivo non acquistano automaticamente quello di Giancarlo Fornei. Non lo fanno, perché è solo uno dei tanti che ha scritto un libro sul pensiero positivo.

Magari cercano un testo di Napoleon Hill, un autore che per decenni ha parlato di pensiero positivo. Tuttavia ci sono tante sfaccettature del pensiero positivo e, dunque, Giancarlo potrebbe crearsi una sua nicchia e distinguersi. In questo momento il suo posizionamento crea un'associazione univoca, dunque è ottimizzabile.

Sicuramente la maggior parte dei titoli di ebook dei nostri autori sono ottimizzati per i motori di ricerca, e quindi se cerchi «pensiero positivo» su Google trovi, tra i primi venti risultati, anche il testo di Giancarlo Fornei. Questo è buono da un punto di vista "web", ma da un punto di vista di puro posizionamento del brand, più il brand è unico, più ha valore.

Quindi se in molti hanno parlato di pensiero positivo il valore diminuisce, viene suddiviso tra le tante persone che hanno scritto su questo argomento.

SEGRETO n. 3: se usi una keyword già sfruttata, il suo valore diminuisce e il tuo posizionamento diventa più difficile.

Passiamo ora ad esempi di diverso tipo, esaminando una serie di marchi famosi. Alcuni di questi presentano una particolarità: hanno dominato delle parole chiave. Prendiamo ad esempio

Domino's Pizza: si tratta della pizzeria a domicilio più famosa in America. I creatori del marchio "Domino's Pizza" sono stati geniali perché hanno praticamente inventato il servizio di consegna a domicilio e la garanzia *You Got 30 Minutes™*, ossia «consegna garantita in trenta minuti»: se la pizza arriva più tardi, il cliente non paga.

Il marchio è stra-noto in America, anche a chi non ama la pizza o a chi, pur gradendola, non ne ha mai ordinata una a domicilio. Quando le persone ti vedono dall'esterno, e pur non conoscendo il tuo settore arrivano a te, vuol dire che hai creato una buona associazione. Avevi mai sentito parlare di questa garanzia? Forse sai di cosa si tratta se hai visto il film *Spiderman 2*, nel quale il protagonista, fattorino di una pizzeria, consegna in ritardo una pizza e viene licenziato.

Domino's Pizza ha creato un business miliardario in dollari, è divenuta la catena di consegna a domicilio più importante degli Stati Uniti e ha dominato la keyword "pizza a domicilio". I suoi creatori sono stati i primi a offrire questo servizio geniale che si è diffuso e ha funzionato al punto da essere citato in un film.

SEGRETO n. 4: quando coloro che ti vedono dall'esterno, pur non conoscendo il tuo settore, arrivano a te come potenziali clienti, vuol dire che hai creato una buona associazione.

Alcune aziende hanno legato a tal punto il proprio nome a una keyword che questo è divenuto esso stesso una parola chiave. Ti faccio un esempio, quando dici: «Mi dai un kleenex?» stai chiedendo un fazzoletto di carta.

"Kleenex", anche se non tutti lo sanno, non è una parola generica, non è il termine inglese per indicare il fazzoletto: è il nome dell'azienda che ha inventato i fazzoletti di carta, la Kleenex, appunto. Il suo brand si è imposto in modo così forte da far sì che il nome stesso venisse identificato come parola generica per indicare quel dato prodotto. In questo caso brand e keyword si sono fusi tra loro, sono divenuti la stessa cosa.

Stesso discorso si può fare per l'azienda Scotch. Normalmente, se hai bisogno di nastro adesivo, chiedi che ti venga dato "un rotolo di Scotch" e non "un rotolo di nastro adesivo", non è così? Ciò che pochi sanno è che "scotch", in realtà, è un marchio dell'azienda che ha inventato il nastro adesivo, la Scotch, appunto.

Comunemente usiamo la parola "scotch" come keyword perché il marchio Scotch è diventato così forte da essere confuso con il sostantivo. In teoria dovremmo dire "nastro adesivo". Questo è un caso eclatante di brand che è divenuto keyword.

Hai posseduto o possiedi una PlayStation? Se anche non ne hai una o non la usi, sono certo che sai di cosa si tratta. Chiunque conosce la PlayStation: la conosce chi non è del settore, chi non la usa e persino chi non ha mai usato un videogioco in genere; anche in questo caso, dunque, si è creata un'ottima associazione tra nome del prodotto e prodotto stesso.

Non tutti sanno che la PlayStation è nata da un diverbio tra Sony e Nintendo. La Sony aveva creato un lettore cd per videogiochi per conto di Nintendo, allora leader nel settore, tuttavia la casa produttrice rifiutò di commercializzare il dispositivo. La Sony, che credeva nel suo prodotto, non si perse d'animo: commercializzò la PlayStation in proprio e conquistò il mercato vendendo 100 milioni di console in pochi anni e diventando così la regina dei videogiochi.

Tuttavia la "console war", ovvero la battaglia fra le varie console di videogiochi, è tuttora molto accesa e la Sony, nonostante il grande successo riscosso dalla PlayStation, non può dirsi inattaccabile da parte dei concorrenti. Alcuni anni fa per esempio, è stata scavalcata dai diretti avversari, che hanno utilizzato strategie di marketing particolarmente azzeccate. Per questo motivo il suo brand si era indebolito e aveva perso quote di mercato, tanto che l'allora modello di console della Sony, la PlayStation 3, aveva un brand inferiore sia all'Xbox 360 della Microsoft che alla Wii della Nintendo.

Anche se questo è vero, restava il fatto che chi è esterno al mondo dei videogiochi, allora come oggi, e cerca una console, non chiederà al negoziante semplicemente una console bensì una PlayStation. PlayStation è diventato il termine generico per indicare la console; per cui se dici "console" non tutti comprenderanno di cosa stai parlando, se invece dici "PlayStation" sarai immediatamente compreso.

SEGRETO n. 5: può capitare che un'azienda leghi a tal punto

il proprio nome a una keyword da far sì che divenga esso stesso una parola chiave.

Passiamo al mondo delle automobili. La Mercedes ha conquistato la sua keyword negli anni, così come altri marchi di famose case automobilistiche. Oggi Mercedes è sinonimo di "prestigio", BMW di "guida piacevole", Volvo di "sicurezza".

Se prendi una rivista di automobili, osservi le pubblicità e ti soffermi a leggere gli slogan, ti accorgerai che per ogni marchio i pubblicitari ripetono quelle parole chiave che le case automobilistiche hanno conquistato nell'arco di anni e anni di lavoro.

Ma anche se questo è un dato di fatto, non è detto che corrisponda al vero. Infatti, ad esempio, non è detto che ti senta più a tuo agio alla guida di una BMW piuttosto che alla guida di una Mercedes.

Ciò che è vero è che per rispettare il proprio brand e mantenerlo forte i progettisti BMW, nel concepire una vettura, fanno molta attenzione al comfort, a che i passeggeri viaggino comodi e nel massimo agio; i progettisti Mercedes pensano in modo particolare a inserire dettagli di lusso; i progettisti Volvo si concentrano sulla sicurezza, sottopongono quindi le vetture a molti crash test e poi pubblicizzano il fatto di aver ottenuto in ognuno la massima valutazione di sicurezza: le cinque stelle. Ogni casa automobilistica, dunque, continua a puntare sulle parole chiave faticosamente conquistate.

La conquista di una keyword, a meno che non venga inventata di sana pianta o che si colga un colpo di fortuna, non è qualcosa di immediato, non è veloce: si realizza in anni di duro lavoro. Sicuramente internet può dare una mano; per un autore o un editore, internet moltiplica il tempo, lo rende più veloce. Spesso dico che un anno su internet ha il medesimo valore di cinque anni offline.

Quello che possiamo fare su internet è veramente un viaggio accelerato che permette di conquistare fette di mercato molto velocemente. Bruno Editore e i suoi autori ne sono una dimostrazione, ma esistono aziende ben più grandi di noi che si sono imposte sul mercato in tempi davvero brevi. Nei libri sul brand si parla delle più grandi aziende, tra cui Microsoft e Google che hanno acquisito, in brevissimo tempo, ampie fette di mercato. Chi sono Microsoft e Google in confronto a Fiat o a Coca-Cola, ossia marchi con secoli di storia alle spalle? Eppure sia Microsoft che Google sono tra le capitalizzazioni più alte in Borsa.

Google ha ottenuto un grandissimo successo senza farsi alcuna pubblicità. Ciò è stato possibile perché non è la pubblicità che crea il marchio. Se il servizio funziona ed è buono, è il passaparola fra gli utenti a decretarne il successo.

Questo è tanto più vero su internet, dove, se un prodotto o un servizio non va, viene segnalato subito, e l'azienda produttrice perde immediatamente quote di mercato. Infatti, dopo il periodo delle "bolle" del 2000, sono tante le aziende ad essere scoppiate. Ma quelle che sono rimaste sono divenute leader nel loro settore; gli esempi sono tanti: da eBay a Google e così via.

SEGRETO n. 6: non è la pubblicità che crea il marchio; se il servizio offerto funziona ed è di qualità, è il passaparola fra gli utenti a decretarne il successo.

Prendiamo in considerazione altri esempi. Quello della Xerox è un caso interessante, che viene riportato anche nei testi di Programmazione Neuro-Linguistica perché l'azienda ha chiesto aiuto proprio a Robert Dilts e Richard Bandler per risollevarsi da un suo momento di difficoltà.

La Xerox è stata considerata per molti anni la casa produttrice di stampanti per eccellenza. Lo è ancora oggi? Non proprio: ha perso molte quote di mercato e diverse marche importanti, come la Epson e soprattutto l'HP, le fanno concorrenza agguerrita. La Xerox è nata come azienda produttrice di fotocopiatrici, ma diversi anni fa subì una battuta d'arresto per una pura casualità.

Un giorno, infatti, un manager aziendale si recò presso la sede di un giornale e, con sua grande sorpresa, si rese conto che in redazione venivano utilizzate diverse apparecchiature elettroniche di nuova concezione: si iniziava addirittura a realizzare il primo giornale su video. Allarmato da ciò che aveva visto tornò velocemente in azienda e raccontò l'accaduto, concludendo: «È un vero disastro! Prima o poi tutto sarà realizzato in formato elettronico, la carta diverrà inutile e le nostre fotocopiatrici spariranno». Per reagire all'imminente disastro prefigurato, i vertici della Xerox decisero di cambiare produzione: non più stampanti ma computer. Investirono nell'operazione miliardi di dollari di decenni fa e… fallirono!

Era prevedibile, perché non è possibile cambiare da un giorno all'altro un brand faticosamente costruito negli anni. La Xerox, che aveva deciso di demolire il suo brand legato alle macchine fotocopiatrici per portarlo sui computer, trovò ad attenderla nel nuovo settore concorrenti già ben posizionati e molto agguerriti. In particolare la IBM aveva la leadership ed era impossibile farle concorrenza partendo da zero.

I vertici aziendali, come ti anticipavo, a quel punto chiesero aiuto a Robert Dilts e Richard Bandler per risolvere il problema. Dilts analizzò la questione e comprese che ciò che aveva portato al fallimento della Xerox era stato il repentino cambiamento di identità. Nessuno dei loro addetti era competente in materia di computer, il personale non sapeva costruirli né era preparato ad affrontare un cambiamento su larga scala. Pensa cosa voglia dire, per un'azienda che è leader in un settore e ha centinaia di dipendenti, attuare una simile rivoluzione!

Se si procede a un cambiamento così radicale in un momento in cui i dipendenti non sono preparati a gestirlo, si va incontro a grossi problemi; lo dimostra ciò che è successo alla Xerox, che ha rischiato di fallire.

Bandler e Dilts consigliarono di tornare alla produzione di macchine fotocopiatrici abbandonando l'idea di cambiare settore. L'azienda non avrebbe dovuto cambiare business ma migliorare e aggiornare le fotocopiatrici e le stampanti. Utilizzarono una strategia della PNL e cioè l'**allineamento** – che permette di rendere i propri comportamenti e risultati coerenti e congruenti con i propri valori e obiettivi – applicandola all'azienda. Ristabilirono dunque l'allineamento aziendale, riportando la

Xerox a concentrarsi sul prodotto originario, anche se modificato e innovato secondo la tecnologia emergente. In altre parole dissuasero i dirigenti dall'idea di ripartire da zero in tutt'altro settore, cosa che li stava portando al fallimento.

Questa dinamica, purtroppo, si verifica anche oggi. Pensando al nostro settore, quante persone hanno individuato la possibilità di costruire un bel business con gli ebook e l'hanno fatto solo per avidità, solo per guadagnare qualche euro in più? Chi lo fa con questo unico scopo, senza metterci passione, perde una grandissima opportunità. Copiare un modello di business non funziona, e lo abbiamo visto. Al contrario, chi lo fa perché crede nel formato, è esperto di un dato argomento e usa il suo ebook per acquistare la reputazione di esperto nel settore è sulla buona strada.

SEGRETO n. 7: segui il tuo progetto perché ci credi e non pensando unicamente al business; non avere l'utile personale come unico fine perché questo atteggiamento non ti porterà a nulla.

Parliamoci chiaro: chi pubblica con Mondadori o con altre case editrici cartacee lo fa soprattutto per ottenere prestigio, per acquisire la reputazione di scrittore di un certo livello. La stessa cosa si può dire di chi pubblica i suoi ebook con Bruno Editore: ottiene visibilità e autorevolezza, con la pubblicazione può effettivamente contribuire a costruire il proprio successo. Questo deve essere lo scopo di chi vuole affermare il proprio brand.

RIEPILOGO DEL GIORNO 1:

- SEGRETO n. 1: è facile ottenere un buon posizionamento con una keyword nuova, di tua invenzione.

- SEGRETO n. 2: il posizionamento ottenuto con una keyword generica è, sì, più difficile ma, una volta conseguito, molto solido.

- SEGRETO n. 3: se usi una keyword già sfruttata, il suo valore diminuisce e il tuo posizionamento diventa più difficile.

- SEGRETO n. 4: quando coloro che ti vedono dall'esterno, pur non conoscendo il tuo settore, arrivano a te come potenziali clienti, vuol dire che hai creato una buona associazione.

- SEGRETO n. 5: può capitare che un'azienda leghi a tal punto il proprio nome a una keyword da far sì che divenga esso stesso una parola chiave.

- SEGRETO n. 6: non è la pubblicità che crea il marchio; se il servizio offerto funziona, ed è di qualità, è il passaparola fra gli utenti a decretarne il successo.

- SEGRETO n. 7: segui il tuo progetto perché ci credi e non pensando unicamente al business; non avere l'utile personale come unico fine, perché questo atteggiamento non ti porterà a nulla.

GIORNO 2:

Come essere il leader assoluto del tuo settore

Nello scegliere una keyword probabilmente preferiresti che la selezione non fosse affidata al caso. Analizzando la tua situazione attuale forse potresti dire che l'ebook che hai pubblicato, il prodotto o il servizio che hai messo in commercio, non è esattamente come avresti voluto. Avresti potuto scegliere un titolo diverso, avresti potuto pubblicizzarlo con espressioni più efficaci, avresti potuto scegliere una nicchia migliore o più piccola, maggiormente specifica.

A questo punto potresti decidere di scegliere una nuova keyword. Ma cosa devi fare per creare l'associazione biunivoca tra il tuo prodotto e la keyword? Il segreto è quello del **First**: devi essere il primo. Bandler usa il "go first" anche per consigliare di immedesimarci per primi nello stato emotivo che vogliamo trasmettere agli altri.

Vogliamo suscitare entusiasmo verso il nostro prodotto?

Ebbene, dobbiamo essere noi i primi a entusiasmarci. Se il nostro prodotto non ci entusiasma, di certo non potremo trasmettere entusiasmo ai nostri potenziali clienti; piuttosto trasmetteremo loro incertezza, perplessità e non li invoglieremo a seguirci. In questo caso il segreto del first ti dice che, se vuoi guidare gli altri, se vuoi essere il leader, devi essere il primo: se non sei il primo, sei fuori. Meglio essere primi in una nicchia piccola, che essere secondi o terzi in una nicchia più grande.

Rispondi a questa domanda: chi è stato il primo uomo a sbarcare sulla Luna? Armstrong. E chi è stato il secondo?

Per quanto cerchi di ricordarlo, non ti viene in mente. Non c'è spazio per i secondi. Solo chi arriva per primo viene associato a un certo settore, a una data nicchia di mercato. Del secondo non parla nessuno, non ha senso ricordarlo.

Ma passiamo a un'altra domanda, un po' più difficile: chi è stato il primo uomo ad aver corso il miglio in meno di quattro minuti? È stato un atleta di nome Roger Bannister.
Lo conosce chi si interessa di gare di fondo o ha seguito qualche

mio corso, letto i miei libri e, in genere, gli appassionati di crescita personale. Roger Bannister è un uomo famoso perché ha superato un record ma, soprattutto, perché ha spezzato una convinzione limitante che durava da secoli.

Diversi decenni fa, alla fine del 1800, si riteneva che l'uomo non potesse correre a una velocità tale da percorrere il miglio (circa 1600 metri) in meno di quattro minuti. Questa convinzione era ben radicata, in quanto avvalorata dall'opinione dei medici, i quali ritenevano che il cuore, sottoposto a un simile sforzo, potesse scoppiare.

Roger Bannister non si curò di questa convinzione limitante e si mise alla prova. Che cosa accadde? Che superò il record e divenne l'uomo più famoso della storia dell'atletica, dimostrando che un uomo poteva correre il miglio in meno di quattro minuti e sopravvivere a questa prova. A quel punto molte altre persone si cimentarono nell'impresa: nello stesso anno altri trenta atleti riuscirono a superare quel record, e l'anno seguente furono addirittura in trecento a batterlo.

Quando un limite imposto dalle convinzioni, dalla mente, dalla percezione umana viene superato da qualcuno, diviene facile per tutti oltrepassarlo. Infatti, se ti chiedessi chi è stato il secondo atleta a battere il record del miglio, probabilmente non me lo sapresti dire. Non ne hai la più pallida idea e neanche ti interessa saperlo, perché è il primo quello che conta.

SEGRETO n. 8: per creare l'associazione biunivoca tra il tuo prodotto e la keyword devi essere il primo, "first"; solo chi arriva per primo viene associato a un certo settore, a una data nicchia di mercato.

Chi arriva per primo è colui che viene ricordato, quello che instilla una data parola chiave nella mente degli altri. Quindi non ha senso essere inseguitori: trova un nuovo business, una nuova parola chiave, una nicchia che sia solo tua.

Giancarlo Fornei, dopo aver compreso che la nicchia del pensiero positivo era eccessivamente dispersiva, ha lavorato molto sul suo posizionamento, e oggi ha creato per sé la nuova nicchia del coaching per le donne, nella quale lui è il primo italiano in assoluto; inoltre ha sviluppato un programma di coaching che ha chiamato *Mental Coaching per Obiettivi in 5 Passi*.

Bruno Editore ha scelto di non essere uno dei tanti editori del panorama nazionale, perché in Italia ce ne sono già tantissimi: centinaia. Dei circa 60.000 libri pubblicati ogni anno, il 60 per cento rimane invenduto e il 35 per cento finisce al macero: libri bruciati, forse riciclati, se va bene. E parliamo di editori che distribuiscono in libreria e che, anzi, obbligano lo scrittore a comprare un po' di copie del suo libro. Quindi meglio specializzarsi e posizionarsi su una nicchia più piccola.

Per questo motivo la Bruno Editore ha lavorato sul posizionamento e ha scelto la nicchia degli ebook e, all'interno della nicchia degli ebook, la nicchia degli «ebook per la formazione». È stata la prima casa editrice ad essersi inserita in questo mercato. Molti hanno tentato di imitarla, di ricreare il suo modello di business; ci sono riusciti? Ovviamente no, nessuno si è mai avvicinato ad essere un punto di riferimento in questo mercato come la Bruno Editore, e nessuno potrà mai usurpare la sua leadership.

Anche quando gli editori tradizionali decideranno che è arrivato il momento di impegnarsi seriamente nella produzione degli ebook, questo non toccherà la nostra casa editrice, perché non la riguarda. La Bruno Editore è, per definizione, «la casa editrice degli ebook per la formazione».

SEGRETO n. 9: non ha senso essere inseguitori di qualcuno che è già arrivato per primo e che, dunque, è "first" in un dato settore; trova un nuovo business, una nuova keyword, una nicchia che sia solo tua.

A proposito di questo secondo segreto per il posizionamento è importante sottolineare un aspetto: devi essere, sì, il primo, ma non necessariamente il primo sul mercato, piuttosto **devi essere il primo nella mente dei clienti**, delle persone che ti seguono.

I due teorici del posizionamento, Al Ries e Jack Trout, nel loro testo *Positioning: the battle for your mind*, affermano che il posizionamento è una battaglia per la mente del cliente.

Come ti anticipavo, la Programmazione Neuro-Linguistica ha dimostrato che la mente elabora immagini, suoni e sensazioni, dando luogo a una propria versione della realtà oggettiva, creando una realtà soggettiva. Per cui, quando una persona pensa a una marca la vede in un certo modo, quando pensa a un settore vi associa delle marche. Se tu sei il primo della nicchia, ormai quel posto sarà tuo per sempre nella mente del cliente, nelle sue rappresentazioni mentali.

È, come sempre, tutta una questione di percezione. Se vuoi che il pubblico percepisca la tua leadership in un dato settore, devi pur trasmetterla; se non ne sei convinto tu per primo, non la avvertiranno neanche gli altri.

Ma ricorda ciò che ti anticipavo poco fa: essere primo, dunque "first", non significa necessariamente essere il primo in assoluto sul mercato. Significa essere il primo nella mente del cliente.

Per farti un esempio, *Gillette* = rasoi, giusto? Gillette è stata la prima azienda produttrice di rasoi e ha tuttora la leadership del settore, la concorrenza non l'ha mai sfiorata. Nonostante un'altra azienda di rilievo come Bic abbia prodotto rasoi a costi molto più bassi, Gillette non ne ha risentito, perché ha la leadership. Non è mai entrata in concorrenza con altre aziende, non ha mai perso quote di mercato: ha semplicemente continuato a battere se stessa, seguitando a migliorarsi.

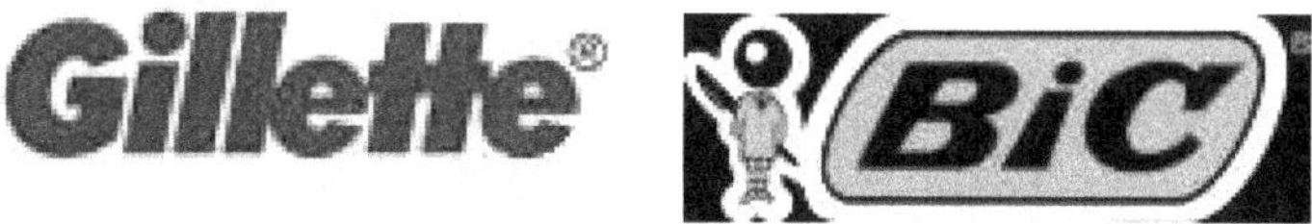

È passata dalla produzione del monolama a quella del bilama, trilama, quadrilama. Ora ha prodotto un rasoio a cinque lame. Prevedibile, no? Una nuova azienda produttrice di rasoi potrebbe decidere di debuttare sul mercato producendo direttamente il sei lame, pensando di rubare quote di mercato alla Gillette. Ma non potrebbe mai ottenere il successo sperato, perché Gillette ha un folto pubblico di clienti affezionati che si fida della qualità delle lamette. In più l'azienda promuove continuamente nuovi prodotti aggiornati e migliorati, spingendo il suo pubblico a comprare quelli piuttosto che i vecchi, ormai superati, già in commercio. Nel farlo quasi fa concorrenza a se stessa; può sembrare pazzesco ma, in realtà, è una strategia di marketing che funziona benissimo, e infatti Gillette ha il monopolio del settore.

SEGRETO n. 10: per essere "first" non devi necessariamente essere il primo sul mercato, devi essere il primo nella mente dei clienti.

La Bruno Editore ha imparato moltissimo da Gillette. Quando vogliamo apportare miglioramenti al nostro programma di affiliazione o al sito web, il nostro termine di paragone siamo noi stessi. Quindi al nostro termine di paragone, che è già il migliore, aggiungiamo altre funzionalità, rimanendo i migliori. Lo facciamo soprattutto perché vogliamo battere noi stessi; nel farlo ci aiutiamo con i feedback dei nostri utenti, per essere sempre più vicini a ciò che desiderano. Certo, è un lavoro intenso, però poi ci troviamo ad avere in mano un prodotto eccezionale, che sicuramente non ha concorrenti, e questo si trasmette anche agli altri, che si tratti di ebook o di qualsiasi altra cosa.

Ciò che devi chiederti è: quanti prodotti simili al tuo ci sono in giro? Uno, due, cento o nessuno? Questa è una variabile che devi considerare quando, magari, scrivi un nuovo ebook, ne decidi il titolo o scegli una keyword per il tuo posizionamento.

SEGRETO n. 11: prima di creare un prodotto rifletti, pensa a una buona strategia per posizionarlo e poi crealo appositamente per quel posizionamento. Ragiona in anticipo.

Facciamo un altro esempio: *TomTom* = navigatori satellitari. Eppure TomTom non è stata la prima marca di navigatori, anzi è relativamente recente. Già da parecchi anni le automobili hanno in dotazione i navigatori satellitari integrati; marche di autoradio come Clarion, Becker e altre avevano schermi grandi e navigatori integrati.

TomTom non è stata la prima marca a crearli, però è stata la prima a venderli a un costo accessibile: 300-400 euro contro i 3.000-4.000 dei precedenti modelli integrati. Grazie alla TomTom i navigatori satellitari si sono diffusi nelle macchine di tutta Italia e l'azienda ha acquistato la leadership assoluta nel settore.

Diversi editori, sin dal 2001, hanno creato un proprio sito di ebook, senza mai raggiungere la diffusione e la leadership di mercato. Quindi, benché la Bruno Editore non sia stata la prima a produrre ebook, è stata senz'altro la prima a diffonderli, a portarli nelle case, nei computer di migliaia di persone in Italia. Lo abbiamo fatto toccando ogni tipo di argomento, pur restando sempre nell'ambito della nostra nicchia: quella della formazione. E, infatti, siamo i primi nella nostra nicchia.

Per primi abbiamo portato l'ebook a una Fiera del Libro: il 5

Dicembre 2008 alla fiera del libro di Roma *Più Libri Più Liberi* abbiamo organizzato la conferenza *Ebook e Web 2.0* dove, insieme a esponenti di primo piano del mondo industriale, accademico e dell'informazione nel campo dell'editoria digitale, ho presentato la nostra visione del libro elettronico.

La stessa cosa si può dire del primo ebook per iPhone, da me ideato. Ogni volta che viene creato un nuovo dispositivo tecnologico me ne interesso, e penso subito a come utilizzarlo per migliorare la qualità della mia vita. La stessa cosa è successa quando è stato messo in commercio l'iPhone per la prima volta. Tutti i media ne hanno parlato: emittenti televisive, giornali e riviste. Tutto questo fermento ha stimolato il mio interesse. In un primo momento ho semplicemente pensato a come sfruttare l'iPhone per motivi personali, quindi l'ho voluto testare come lettore di libri. Ho scaricato da internet alcuni libri americani per comprenderne il funzionamento, perché in italiano non ce ne erano, e non ho trovato nulla che parlasse della possibilità di trasferire ebook sull'iPhone.

Allora mi sono detto: «Bene, lo faccio io; vediamo com'è il mio libro sul mio telefono», e l'ho fatto.

Come ti dicevo, l'ho fatto innanzitutto per me stesso.

Poi ho pensato: «Se l'ho provato e funziona, perché non divulgare l'idea e metterla a disposizione di tutti?», e l'ho fatto.

Ne ho parlato sul blog e ho lanciato l'idea. Ho spiegato che era possibile utilizzare l'Iphone come ebook reader di elevata qualità visto l'ottimo display a disposizione e il cospicuo bagaglio di software gratuiti da poter scaricare. Una volta installato, davo la possibilità ai lettori del mio blog di scaricare un ebook gratis in formato eReader, da poter leggere direttamente su Iphone.

Sono stati registrati moltissimi download, se ne è parlato, di conseguenza questa notizia è stata ripresa da molti giornali. Per cui l'idea di trasferire ebook su iPhone non è partita come una strategia di marketing: l'ho fatto innanzitutto per me stesso, poi ho anche ottenuto successo mediatico per l'iniziativa.

Questo è andato, oltretutto, a maggior conferma dell'associazione tra Bruno Editore e gli ebook, quindi tra la casa editrice tecnologica per definizione e il dispositivo tecnologico che in questo momento è al top. Siamo stati i primi a portare l'ebook su iPhone. È bastato avere la giusta intuizione e avervi dato seguito; in tanti avrebbero potuto farlo, anche prima di me, solo che nessuno ci ha pensato.

E perché? È semplice: il mercato degli ebook è già di nicchia, come più volte abbiamo detto, quindi non è frequentato da molti operatori. In più, trasferire ebook sull'iPhone non è una strategia finalizzata a un business, non porta a ottenere un ritorno economico. Dunque, è chiaro il perché nessuno ci avesse ancora pensato.

Osserva le immagini sottostanti. Il simbolo centrale di questa triade di immagini certamente ti ricorda Windows, il sistema operativo a finestre utilizzato dalla stragrande maggioranza delle persone.

Sai chi ha inventato il sistema operativo a finestre? Probabilmente, di getto, mi risponderesti che è stato Bill Gates, con Microsoft. In realtà, non è andata esattamente così: è stata la Apple a utilizzare per prima i sistemi operativi con interfaccia grafica. Noi li usavamo già nel 1987, nei primi computer Mac che avevamo nella sede della Bruno Editore. E a sua volta Apple li aveva presi dalla Xerox, che per prima li aveva inventati.

Sui pc, al contrario, c'era il sistema operativo Dos, meno agevole da utilizzare. Per operare occorreva, infatti, inserire dei codici: si digitavano dei "percorsi" formati da una serie di codici a seconda dell'operazione che si voleva effettuare.

Mac ha inventato il sistema operativo a finestre, Microsoft però ha il merito di averlo portato su tutti i pc del mondo. Se, dunque, Bill Gates non è stato il primo a concepirlo, è stato però il primo a diffonderlo.

Altro esempio: la PNL è stata creata da Richard Bandler, ma molti si sono avvicinati a questa neuroscienza solo tramite Anthony Robbins, il guru della motivazione che ha diffuso i suoi audiocorsi in tutto il mondo e in tutte le lingue.

SEGRETO n. 12: per essere il primo agli occhi del tuo

pubblico non è tanto importante essere il primo a concepire un prodotto, quanto essere il primo a diffonderlo.

Infine, un altro caso interessante è quello che riguarda il sistema "Qwerty", ovvero lo schema oggi più comunemente usato nelle tastiere per computer o macchine da scrivere. Tutti noi lo utilizziamo. Il nome replica l'esatta sequenza delle lettere dei primi sei tasti in alto a sinistra delle nostre tastiere: q, w, e, r, t, y. Lo schema, brevettato da Christopher Sholes nel 1864, venne ceduto nel 1873 alla *Remington and Sons* e applicato alle macchine da scrivere del tempo.

Si potrebbe pensare che questo schema sia stato inventato per scrivere più velocemente. In realtà l'obiettivo non era questo: poiché un'eccessiva velocità di scrittura avrebbe portato i martelletti delle vecchie macchine da scrivere a incastrarsi e rompersi, era necessario elaborare una tastiera che consentisse di scrivere in maniera più razionale e ordinata, separando le coppie di lettere maggiormente usate e dividendo i tasti tra le due mani. In seguito questo è divenuto lo standard; essendosi diffuso su tutte le tastiere, si è trasmesso nei decenni e addirittura nei secoli.

Più tardi, precisamente negli anni '30, fu inventata una nuova tastiera semplificata denominata "Dvorak", dal nome del suo inventore: August Dvorak. Grazie a un sistema di tasti disposti in maniera diversa rispetto alla Qwerty, questa avrebbe permesso di scrivere più velocemente, tra l'altro affaticando meno le articolazioni. In effetti, il record di scrittura veloce, con un maggior numero di battute al minuto, è stato ottenuto utilizzando la Dvorak, a dimostrazione del fatto che è molto più veloce della prima. E, allora, come mai non è su nessun computer? È semplice: perché chi arriva per primo vince, anche se la qualità dei suoi prodotti non è necessariamente al top. Quindi, anche se la Qwerty è meno efficace rispetto alla Dvorak ha vinto. È leader, e tale rimarrà.

Quale azienda è arrivata per prima fra la Coca-Cola e la Pepsi-Cola? La Coca-Cola, ormai secoli fa, ed è ancora leader.

La battaglia tra Coca-Cola e Pepsi-Cola è molto accesa, si può dire che sia la guerra mondiale del posizionamento. È tuttora in corso, ed è appassionante assistere alla sfida costante dei due brand a suon di slogan! Il fatto che Coca-Cola, nonostante gli anni e le mode, sia rimasta leader nel suo settore dimostra ulteriormente che chi arriva primo rimane leader.

Dagli studi effettuati dai teorici del posizionamento è emerso che tutti i marchi che erano leader già nei primi decenni del Novecento, sono rimasti tali nei settant'anni successivi. Quindi, una volta che si è acquisita la leadership è quasi impossibile perderla, a meno che non si commettano errori grossolani o che si fallisca. Tutto ciò per dire che una volta acquisita la propria keyword bisogna arrivare per primi: *go first*, come dicevamo a inizio capitolo.

SEGRETO n. 13: chi arriva per primo e diviene leader di un dato settore lo resta negli anni; una volta acquisita la leadership è praticamente impossibile perderla, a meno che non si commettano errori grossolani o che si fallisca.

Devi puntare ad essere primo nel tuo settore. Ed è meglio puntare su una nicchia piccola, anche molto specialistica, ma nella quale tu sia leader.

RIEPILOGO DEL GIORNO 2:

- SEGRETO n. 8: per creare l'associazione biunivoca tra il tuo prodotto e la keyword devi essere il primo, "first"; solo chi arriva per primo viene associato ad un certo settore, ad una data nicchia di mercato.

- SEGRETO n. 9: non ha senso essere inseguitori di qualcuno che è già arrivato per primo e che, dunque, è "first" in un dato settore; trova un nuovo business, una nuova keyword, una nicchia che sia solo tua.

- SEGRETO n. 10: per essere "first" non devi necessariamente essere il primo sul mercato, devi essere il primo nella mente dei clienti.

- SEGRETO n. 11: prima di creare un prodotto rifletti, pensa a una buona strategia per posizionarlo e poi crealo appositamente per quel posizionamento. Ragiona in anticipo.

- SEGRETO n. 12: per essere il primo agli occhi del tuo pubblico non è tanto importante essere il primo a concepire un prodotto, quanto essere il primo a diffonderlo.

- SEGRETO n. 13: chi arriva per primo e diviene leader di un dato settore lo resta negli anni; una volta acquisita la leadership è praticamente impossibile perderla, a meno che non si commettano errori grossolani o che si fallisca.

GIORNO 3:

Come creare la tua Nicchia in maniera intelligente

Abbiamo detto che, una volta scelta la keyword, occorre puntare ad essere primi nel proprio settore, acquisirne la leadership e mantenerla. Ora, qual è il passo successivo? È quello di trovare una **Nicchia** di mercato tutta per te, anche piccolissima, ma che sia solo tua, in cui tu sia il famoso "primo"; se non è così, non si tratta di una nicchia abbastanza piccola. Ricorda che è sempre possibile trovarla, qualsiasi sia il tuo settore o l'argomento di cui ti occupi.

Il concetto principale da cui partire per trovare una propria nicchia è quello di **divergenza**. La divergenza comporta il differenziarsi, il crearsi un ambito proprio, per quanto piccolo esso sia. Quello di "divergenza" è un concetto tanto importante quanto trascurato. Questo perché la realtà che viviamo punta sulla **convergenza**, e in particolare di convergenza tecnologica: tantissime funzionalità tecnologiche riassunte in un unico dispositivo. Così la convergenza è divenuta per molti un ideale da perseguire in ogni settore.

Tuttavia, nonostante la convergenza faccia notizia, nella ricerca della propria nicchia all'interno del mercato, è la divergenza il concetto su cui è bene concentrarsi. La conferma viene dalla storia. Un tempo esistevano solamente i giornali cartacei, poi è arrivata la radio, e si diceva che i giornali sarebbero scomparsi in quanto inutili: non è successo. Poi è arrivata la tv, e si è detto che sarebbe scomparsa la radio: anche in questo caso non è accaduto. È infine giunta l'era di internet e, nonostante ciò, continuano ad esserci giornali, radio e tv: è sempre la divergenza a prevalere sulla convergenza.

La piccola e media imprenditoria, per sopravvivere in questo momento di crisi, sta procedendo in questo senso e cioè, producendo dispositivi sempre più di nicchia. Prendiamo il caso della Asus. In meno di un anno ha guadagnato enormi quote di mercato inventando il primo mini-computer con schermo da 8 pollici, venduto al prezzo di 190-290 euro (2008- 2009). È il computer meno costoso della storia, e ne sono stati venduti milioni di esemplari.

Le altre marche hanno copiato immediatamente l'idea e hanno iniziato a produrre mini-computer sullo stesso stile. Nonostante ciò, quando si parla di mini-computer si parla, per antonomasia, dell'Asus.

Cosa ha fatto la Asus per ottenere questo risultato? In una guerra accesa come quella tra marche di computer si è ritagliata una nicchia tutta sua e molto piccola: quella dei mini-computer a basso costo. La vendita dei suoi mini-computer è andata talmente bene da sconvolgere completamente l'intero mercato dei pc, compreso il settore dedicato ai formati più grandi.

I produttori, a questo punto, sono stati obbligati a correre ai ripari. Infatti, chi è disposto a pagare 1.000-2.000 euro per un computer di dimensioni regolari, quando ne può avere uno simile, che funziona anche con Windows, al prezzo di 190 euro? Non c'è più concorrenza, non c'è più mercato.

Oggi esistono computer di moltissime marche che funzionano con tutti i sistemi operativi, o ancora computer di varie dimensioni, dotati di touch screen, tablet e così via. A ben vedere appare difficile crearsi una nuova nicchia, eppure Asus l'ha fatto, e ha sconvolto il settore.

SEGRETO n. 14: per un buon posizionamento tieni presente il concetto di "divergenza", ossia differenziati più che puoi, trova una nicchia di mercato, anche piccolissima, ma che sia solo tua.

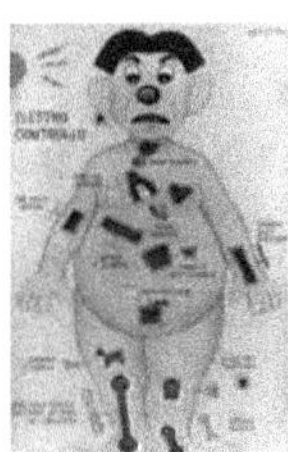

Questa immagine si riferisce a *L'Allegro Chirurgo*, un gioco che tanti trentenni e quarantenni di oggi hanno posseduto da bambini. Perché questa immagine? Se dovessi subire un intervento al cuore, ti faresti operare da un cardiochirurgo, quindi da uno specialista, o preferiresti il tuo medico generico? Nessun dubbio sulla risposta: tu devi avere un cardiochirurgo! Certo, perché dovendo subire un'operazione, vorresti che a eseguirla fosse qualcuno dotato di una lunga esperienza nel campo: in casi simili si pretende la migliore qualità possibile.

Per cui, una volta che avrai individuato la tua nicchia, non ti fermare e continua a scavare all'interno di essa: specializzati al massimo.

C'è ampio modo di distinguersi nel proprio settore. Ricordo quando uno dei nostri autori, Roland Del Vecchio, mi parlò della sua intenzione di dedicarsi alla professione di coach e, in particolare, di sport coach. Mi complimentai per la scelta, in fondo si trattava di una nicchia particolare all'interno di una professione già di nicchia: quella del coach; però gli consigliai di individuarne una ancor più piccola, magari scegliendo di occuparsi di un solo sport in particolare, come il calcio, il golf o il tennis. In questo modo sarebbe divenuto il maggior esperto nell'ambito di una data area sportiva e l'unico a occuparsene come coach, conquistando una nicchia tutta sua. Meglio diventare l'esperto di uno specifico settore, così, in questo caso, quando lo sportivo famoso avrà un momento di difficoltà e dovrà decidere a chi rivolgersi, cercherà il coach considerato esperto nel suo sport.

SEGRETO n. 15: anche quando avrai individuato una nicchia, non ti fermare e continua a scavare all'interno di essa, specializzati al massimo.

Giuseppe Marchesiello è un altro dei nostri autori. Giovanissimo, ha scritto l'ebook *Primo Della Classe*, che illustra i trucchi e i segreti per andare bene a scuola e riuscire nello studio.

È stato molto presente sul nostro blog e si è fatto conoscere da chi lo frequenta, come gli altri autori e tutti i nostri lettori; inoltre è stato il primo a scrivere un ebook sulla scuola, ha creato una nuova nicchia all'interno della categoria dedicata all'apprendimento, e il suo ebook, che la gente ha apprezzato, ha venduto benissimo. Tuttavia, se altri autori avessero scritto ebook sullo stesso tema, sicuramente non avrebbero ottenuto lo stesso successo che ha riscosso il primo: dunque non è una buona idea sfruttare al di là del lecito un filone di successo.

Facciamo un esempio per chiarire meglio: prendiamo il caso dell'ebook di Marcello Raso sugli immobili, intitolato *Guadagnare in Immobili*, che ha realizzato un enorme volume di vendite: è stato acquistato da 300 persone già solo nel primo giorno di distribuzione.

Gli ebook successivi sull'argomento "immobili", hanno venduto ugualmente benissimo, tuttavia, come dicevo, non conviene a un nuovo autore buttarsi a tutti i costi sul filone che funziona, come ad esempio quello degli immobili, perché non è detto che i volumi successivi sull'argomento possano riscuotere lo stesso successo dei primi.

Il lavoro di selezione operato dal mio staff sui titoli degli ebook che gli autori ci inviano è complicatissimo. Ci arrivano più di cento proposte al mese e, molto spesso, gli argomenti sono piuttosto simili l'uno all'altro. Questo accade perché le persone, vedendo dall'esterno un argomento che funziona, pensano che basti scrivere qualcosa sul tema. Tuttavia, quando ci viene offerto un ebook che è la copia esatta di uno già pubblicato, siamo costretti a declinare la proposta. Non possiamo prendere in considerazione libri identici ad altri precedentemente pubblicati, e non pubblichiamo libri generici.

Anche quando abbiamo pubblicato ulteriori libri sugli immobili, abbiamo puntato su *Vendi Casa da Solo*, di Dino Federici, che si concentra sul come venderle, le case: è un'altra nicchia all'interno del settore degli immobili.

Sono moltissime le nicchie sfruttabili, ma bisogna avere l'intelligenza e la capacità di trovarle. Chi propone un ebook deve individuare una nicchia specifica sulla quale valga la pena pubblicare. Io consiglio ai nostri autori di cercare sempre nuove nicchie, chiedo loro di non proporci ebook identici ai precedenti.

SEGRETO n. 16: nel tentativo di individuare una propria nicchia non conviene buttarsi a tutti i costi su un filone di prodotti che funziona; non è detto che i prodotti successivi avranno lo stesso successo del primo.

Vediamo altri esempi. Pensa alla famosissima birra Red Bull. La Red Bull non si è posizionata sul mercato generico delle "bevande", in quanto sarebbe stato troppo difficoltoso ritagliarsi uno spazio, ma ha creato dal nulla una nuova nicchia e addirittura un nuovo aggettivo per il suo prodotto: quello di "energy drink".

Infatti, se dico "energy drink" quale marca ti verrà in mente? La Red Bull, ovviamente, perché sono stati i produttori della Red Bull a inventare questa espressione che prima non esisteva e che, attualmente, è divenuta un termine generico comunemente usato nel settore. Per cui i produttori della Red Bull hanno creato l'associazione biunivoca tra la Red Bull e l'espressione "energy drink", che non può essere associata a nessun'altra marca, tanto che: Red Bull↔energy drink, energy drink↔Red Bull.

Altre bevande simili, come ad esempio la Burn, non sono riuscite a scalfire le quote di mercato della Red Bull. Anche i produttori della Burn hanno associato l'espressione "energy drink" al loro prodotto, ma a nessuno viene in mente la Burn se dico "energy drink".

Tra l'altro forse non tutti sanno che Burn è un marchio della Coca-Cola. Ciò a conforto del principio – del quale parleremo più avanti – secondo il quale, di regola, non si trae giovamento dall'espandersi in campi diversi se non utilizzando un brand diverso da quello principale.

Dunque, nel caso della Burn non si è creata l'associazione biunivoca tra prodotto ed espressione che lo caratterizza. E questo perché è successo? Semplicemente perché i produttori della Burn sono arrivati secondi nel creare quest'associazione. Perché dovresti comprare la marca Burn quando la Red Bull ti soddisfa? Certo, tutto questo è vero sempre che il secondo arrivato non dimostri di essere migliore, ma questo non accade quasi mai. Alla base di tutto, quindi, c'è un concetto essenziale: tu o il tuo prodotto non potete essere generici, dovete essere riconosciuti come **unici**.

Anche nell'ambito delle marche di birra c'è un'intensa battaglia. Sul mercato ce ne sono talmente tante che ci si confonde: a un consumatore inesperto potrebbero apparire tutte uguali. È sicuramente un settore inflazionato, all'interno del quale, però, è possibile crearsi una propria nicchia, magari utilizzando la keyword "birra italiana", un po' come la birra Nastro Azzurro, che i suoi produttori definiscono come "birra superiore d'Italia".

Lanci il prodotto con uno slogan come «c'è più gusto ad essere italiani» e molto probabilmente avrai successo.

Birra Moretti basa il suo brand sul concetto di "sincerità", dunque mira a conquistare la fiducia del consumatore.

Con lo slogan «il gusto della sincerità» e la pubblicità secondo la quale chiunque beve birra Moretti non può che dire la verità, ha realmente instillato nel pubblico la certezza della trasparenza e genuinità del proprio prodotto.

Conosci Gatorade? È lo "sport drink", l'"active drink" per antonomasia.

Powerade, che è arrivato dopo Gatorade e ne è il clone, non ha ottenuto altrettanto successo; ha quote di mercato minuscole rispetto a Gatorade, come Burn rispetto a Red Bull. Anche in questo caso, chi arriva primo vince.

SEGRETO n. 17: tu o il tuo prodotto non potete essere generici, dovete essere riconosciuti come unici.

Sai qual è il più grande produttore di computer al mondo? Si chiama DELL. La DELL non è certo una marca storica o quella che è arrivata per prima. Però è arrivata per prima nella nicchia che si è costruita: quella dei computer con vendita diretta. Niente rivenditori, puoi comprare un Dell solo al telefono o via internet. Risultato? Costi dimezzati e vendite decuplicate.

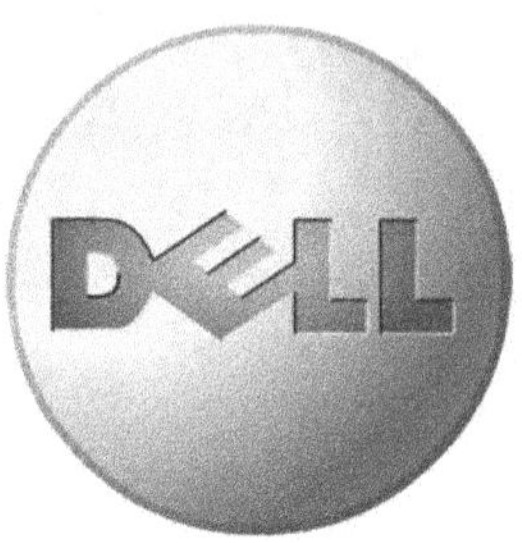

La DELL è la casa produttrice di computer che fattura di più, che vende più computer al mondo perché fa offerte specializzate. Il cliente può personalizzare il suo computer: decidere quale processore, memoria ram, scheda madre, scheda video montare. Lo ordina su misura per le sue esigenze e gli arriva a casa. La DELL si è creata una sua nicchia cambiando un parametro: quello della distribuzione. Inoltre è un ottimo servizio, funziona, perciò la DELL è divenuta la casa produttrice numero uno in un settore già inflazionato come quello dei produttori di pc.

La Tata è una casa produttrice di automobili. Cosa c'è ancora da dire in un mercato come quello delle automobili, che già comprende decine di marche e migliaia di possibilità? Se leggi *Quattroruote*, la pubblicazione per eccellenza in tema di automobili, ti accorgerai che le ultime cinquanta pagine riportano unicamente il listino prezzi. C'è troppa scelta!

Volendo creare una tua nicchia, come potresti distinguerti? Modificando uno o più parametri. Tata, in particolare, ha variato il parametro del prezzo, creando un'automobile che costa 1.700 euro. Per fronteggiare la concorrenza della Tata, le altre case automobilistiche stanno facendo, attraverso la stampa, un lavoro di "riposizionamento della concorrenza". Riposizionare la concorrenza significa attribuirle delle keyword negative che ne mettano in evidenza i punti deboli. Per la Tata è il basso costo, che da valore diventa disvalore se sinonimo di scarsa qualità e di mancato rispetto degli standard di sicurezza.

Assai celebre è anche la battaglia tra Mc Donald e Burger King; in America è particolarmente accesa, però è tuttora Mc Donald il primo al mondo. Jack Trout e Al Ries, gli autori del testo *Positioning: the battle for your mind*, cui abbiamo fatto cenno in precedenza, hanno lavorato con Burger King al riposizionamento di Mc Donald. Si sono chiesti quali fossero le keyword di Mc Donald.

La prima è risultata essere "fast food", ossia «cibo veloce, da consumarsi velocemente»; ma, ovviamente, quelli di Burger King non potevano differenziarsi dicendo di essere una catena di ristoranti "slow food", ossia «cibo lento, da consumarsi lentamente»: sarebbero andati contro il loro interesse!

L'altra keyword di Mc Donald è risultata essere "kids", ovvero bimbi e ragazzini. Mc Donald è tipicamente un luogo a loro dedicato: alla porta si è accolti dal simpatico clown che caratterizza il brand, nei locali è possibile organizzare feste di compleanno, molte famiglie ci vanno con i loro bambini nel fine settimana.

Trout e Ries, dunque, hanno suggerito a Burger King di riposizionare Mc Donald come azienda produttrice di hamburger per bimbi e ragazzini, e di posizionarsi come azienda produttrice di hamburger per ragazzi e adulti, chiudendo Mc Donald in una nicchia più piccola e guadagnando quote di mercato. Questa strategia avrebbe potuto funzionare. Tuttavia Burger King ha deciso di non seguire il consiglio e di non adottarla: di conseguenza non ha guadagnato alcuna quota di mercato ed è tuttora un'azienda di secondo piano rispetto a Mc Donald.

SEGRETO n. 18: volendo creare una tua nicchia puoi distinguerti modificando uno o più parametri; inoltre, per differenziarti, puoi provare a riposizionare la concorrenza attribuendole una o più keyword negative.

La Polaroid si è scavata una nicchia in un settore dominato da Kodak: quello della carta fotografica. Inventando la fotocamera a stampa immediata ha creato una nuova nicchia tutta sua di cui è rimasta leader per moltissimo tempo.

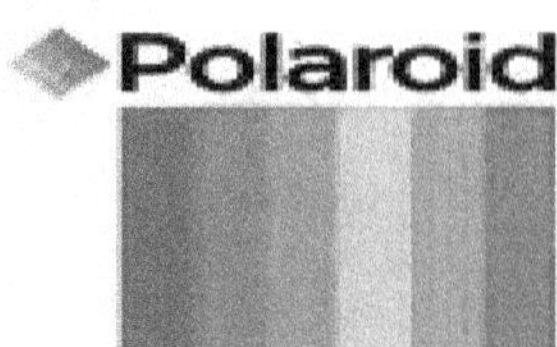

Si è posizionata nel settore in cui l'azienda Kodak era il leader assoluto, in cui la carta Kodak era stata la prima ed era l'unica sul mercato, la Polaroid ha individuato una nicchia più piccola nella quale essere leader.

Oggi, anche se la tecnologia è avanzata, la Polaroid non ha tradito la sua nicchia ed è sempre sul mercato con una fotocamera digitale che ha lo stesso carattere distintivo delle versioni precedenti: permette di stampare le foto istantaneamente. In questo caso Polaroid ha cercato di battere se stessa, migliorando e aggiornando il "suo" prodotto nella versione digitale e fornendo nuove caratteristiche alla carta fotografica.

Altre nicchie famose? Quella dei SUV, ad esempio. SUV significa Sport Utility Vehicle, è un'automobile a metà strada fra monovolume e fuoristrada, una sorta di Jeep. A proposito, "Jeep" è un'altra keyword: la usiamo come termine comune per indicare i fuoristrada, ma in realtà è un brand esattamente come Mercedes o BMW. Il nome "Jeep" ha avuto lo stesso esito di Scotch e Kleenex: è divenuto un nome comune.

Tra i primi modelli SUV in commercio ricordiamo Toyota, BMW X5 e Mercedes ML che, infatti, hanno venduto migliaia di esemplari. Da quanti anni esiste la nicchia dei SUV? Pochi. Fino a ieri non esisteva, eppure, come dicevo, il modello di autovettura oggi definito come "SUV" esiste da molti anni.

Oggi tutte le case automobilistiche più famose producono SUV. È una strategia di mercato: il SUV in questo momento è un modello che funziona, che vende bene e quindi le case produttrici investono nel settore. Tuttavia, le case automobilistiche che si sono inserite nel mercato dei SUV in un momento successivo, essendo arrivate dopo le prime, rimangono semplici inseguitrici.

Ottimo per chi ha creato il mercato delle vetture SUV, male per le altre case automobilistiche che hanno sfruttato il filone in un secondo momento e che tra l'altro, secondo me, stanno facendo l'errore di sporcare il proprio brand.

Nel lontano 2006, tramite il mio ebook *Fare Soldi Online in 7 giorni* importai in Italia il settore del "fare soldi online". Chiunque abbia letto il mio libro si è reso conto che questo filone rappresenta un business: in seguito ho ricevuto un'immensa quantità di proposte di ebook sul fare soldi online molto simili al mio.

Ovviamente non li ho pubblicati, perché sono copie e, come ho già avuto modo di dire, alla Bruno Editore non accettiamo ebook che siano copie di ebook già pubblicati o che abbiano come oggetto argomenti generici: ad esempio, come guadagnare su internet, come fare soldi su internet e via discorrendo. Però all'interno di questo settore esistono nicchie più piccole. Ci sono molti ebook che approfondiscono argomenti distinti all'interno di una grande nuvola: gli autori si sono specializzati in qualcosa.

Riporto il caso de *La Bussola di Roly*, di Roland Del Vecchio. Roland Del Vecchio ci aveva presentato un ebook che si intitolava *La formula del successo*. Anche se il titolo era vago ho cominciato a leggerlo; nel farlo ho incontrato la descrizione della famosa "bussola".

Si tratta di uno strumento di sua invenzione che ho trovato geniale perché raggruppa tutta una serie di strategie della Programmazione Neuro-Linguistica: i metaprogrammi, gli obiettivi, la direzione e così via. Il testo, inoltre, è corredato da schemi e disegni che chiariscono il concetto della bussola e le sue applicazioni.

Gli scrissi una email dicendogli che consideravo l'ebook interessante, ma il titolo troppo generico. Ritenevo non rispecchiasse a sufficienza il valore del testo. Proposi, come titolo, *La Bussola di Roly*, dato che il nome dell'autore del libro era, appunto, Roland. L'ebook fu lanciato, vendette benissimo e rese l'autore molto riconoscibile, anche perché il titolo conteneva il suo nome: Roly è il diminutivo di Roland. Fu molto contento del fatto che avessi apprezzato la sua idea della bussola, uno strumento sul quale non contava particolarmente e che aveva destinato a uno dei capitoli d'appendice del suo ebook.

Come dicevo, il libro ha avuto molto successo, diversamente, se avesse mantenuto il titolo originario si sarebbe perso nel mare delle pubblicazioni sulla crescita personale. Nel 2008 Roland Del Vecchio ha partecipato assieme ad altri autori a un nostro evento tenutosi a Rimini, e si è accorto che molte tra le persone presenti, riconoscendolo come l'autore de *La Bussola di Roly*, lo avvicinavano per parlare con lui e chiedergli consigli. Questo dimostra che, anche grazie a un titolo azzeccato, si era creata la doppia associazione tra l'ebook e il suo autore.

Lettura Veloce 3X è un'opera che ha venduto tantissimo, perché all'interno del settore dell'apprendimento rapido, che esiste da trent'anni e di cui si è già tanto parlato, sono riuscito a specializzarmi.

Ho ideato tecniche nuove, ispirate al photoreading, ne ho fatto un mio metodo e ho dato all'ebook un nome particolare. Forse ciò che ha fatto la differenza tra il vendere tanto e il vendere poco è stato proprio il titolo e, in particolare, quel "3X". Lo dico con cognizione di causa perché una prima versione di questo ebook, intitolata *Lettura Veloce in 7 giorni*, non aveva venduto molto. L'ho ristrutturato, l'ho aggiornato, ho cambiato il titolo e ha venduto moltissimo: la percezione mentale da parte di chi acquista è molto importante.

SEGRETO n. 19: spesso, per arrivare a ottenere il successo, basta modificare un prodotto aggiornandolo, rendendolo più completo e attribuendo ad esso un nome azzeccato.

Quindi, all'interno di una nicchia enorme e inflazionata come quella dell'apprendimento, della lettura veloce e delle tecniche di memoria, ho creato una nuova nicchia, ho ideato un metodo nuovo. Poi è bastato un nome azzeccato e il successo è arrivato.

RIEPILOGO DEL GIORNO 3:

- SEGRETO n. 14: per un buon posizionamento tieni presente il concetto di "divergenza", ossia differenziati più che puoi, trova una nicchia di mercato, anche piccolissima, ma che sia solo tua.

- SEGRETO n. 15: anche quando avrai individuato una nicchia, non ti fermare, e continua a scavare all'interno di essa, specializzati al massimo.

- SEGRETO n. 16: nel tentativo di individuare una propria nicchia non conviene buttarsi a tutti i costi su un filone di prodotti che funziona; non è detto che i prodotti successivi avranno lo stesso successo del primo.

- SEGRETO n. 17: tu o il tuo prodotto non potete essere generici, dovete essere riconosciuti come unici.

- SEGRETO n. 18: volendo creare una tua nicchia puoi distinguerti modificando uno o più parametri; inoltre, per differenziarti, puoi provare a riposizionare la concorrenza attribuendole una o più keyword negative.

- SEGRETO n. 19: spesso, per arrivare a ottenere il successo, basta modificare un prodotto aggiornandolo, rendendolo più completo e attribuendo ad esso un nome azzeccato.

GIORNO 4:

Come trovare il Nome di maggior impatto

Come in tutti i settori di mercato, ovviamente anche in quello degli ebook la scelta del nome del prodotto è fondamentale, perché rappresenta uno degli aspetti più importanti per posizionarlo nella giusta maniera. Il quarto segreto è quello del **Naming**, ovvero lo studio che conduce alla scelta di un nome appropriato e accattivante per un prodotto o un servizio.

Esistono società specializzate nel trovare nomi interessanti e forti per le aziende, che vengono pagate centinaia di migliaia di euro. Credi forse che i nomi, così azzeccati, utilizzati da Berlusconi come "Forza Italia" o "Popolo delle Libertà" siano di sua invenzione? Non oso immaginare quanti esperti di comunicazione e di naming vi abbiamo lavorato. Il nome "Forza Italia", in particolare, provocò uno scandalo: non si poteva più andare allo stadio a incitare la nazionale italiana senza fare promozione al partito!

Che lo si stimi o meno, Berlusconi ha il merito di aver posto grandissima attenzione allo studio dei nomi. Dove hai sintonizzato Rete 4, se non sul quarto canale del televisore? E Canale 5? Ovviamente sul quinto canale. Dando a una sua rete il nome di Italia 1 forse mirava a spodestare Rai Uno dal primo canale del televisore di milioni di italiani; ma, se davvero è così, in questo caso non è riuscito nel suo intento, perché i canali uno, due e tre del televisore, nella stragrande maggioranza dei casi, sono rimasti monopolio delle reti Rai.

Ciò che voglio dire è che i nomi non sono mai casuali, giacché dietro ai nomi ci sono aziende che investono milioni di euro in marketing.

SEGRETO n. 20: il "naming", ovvero la scelta di un nome forte e accattivante, è uno degli aspetti più importanti da curare per posizionare il tuo prodotto in maniera soddisfacente.

Anche noi abbiamo lavorato molto sul nostro brand e sul naming, in quanto il nostro primo brand, "Autostima.net", non era molto rappresentativo di quello che siamo oggi, mentre "Bruno Editore" è molto più riconoscibile anche per chi non ha mai visitato il nostro sito. Già dal nome si capisce subito che siamo una casa editrice.

Autostima.net è un nome che nasce nel 2002, in un momento in cui la corsa al "dominio con keyword" era ancora una sorta di corsa all'oro. C'era chi comprava domini solo allo scopo di rivenderli a cifre spaventose; a questo proposito si parlava di "cybersquatting".

Io stavo creando delle lezioni sull'autostima quando ho trovato già pronto e libero il dominio "Autostima.net". Non mi è parso vero, tanto che l'ho registrato di corsa e ne è nato il sito. Seduzione.net era un dominio già registrato, che ho comprato pagandolo più di quello che avrebbe richiesto la normale registrazione. Famosi sono gli esempi di domini come *business.com*, venduto a 7,5 milioni di dollari, e *wine.com*, venduto per 3,5 milioni di dollari. Incredibile!

Il motivo è semplice: allora il nome di dominio era un fattore molto importante per i motori di ricerca, dunque, con un dominio come *keyword.com/it/net* ci si garantiva i primi posti nella ricerca e migliaia di visitatori sicuri e gratuiti. Tuttora se cerchi "autostima", Autostima.net è al primo posto tra i risultati. In realtà ciò non è dovuto solo al nome di dominio: oggi i motori di ricerca hanno cambiato i propri algoritmi, per cui il dominio è solo una delle moltissime componenti per posizionarsi.

Può essere sicuramente importante per la memorizzazione, però dal punto di vista del brand, del posizionamento, un nome che corrisponde al nome di dominio non è così forte. Ora il dominio non conta quasi più nulla e le antiche leggi del brand sono valide più che mai. Meglio un nome specifico, ben distinguibile, chiaro, memorizzabile, caratteristico.

Autostima.net è un bel nome, è stato efficace ed è andato benissimo per i primi anni della nostra attività; negli ultimi tempi, però, non era più adatto. Quando qualcuno mi chiedeva cosa facessimo, rispondevo: «Vendiamo dei libri elettronici, gli ebook. Consulta il nostro sito: è Autostima.net.» A queste parole la persona quasi sempre replicava: «Libri di autostima? Che bello! Li voglio anche io!» A quel punto non era semplice spiegarle che, nel frattempo, avevamo ampliato il panorama dei nostri prodotti alla crescita professionale e finanziaria.

Chi cerca sui motori di ricerca "autostima" certo non si aspetta di trovare un libro sugli immobili, e chi cerca un libro sugli immobili non si aspetta che l'editore si chiami Autostima.net. Questa discrepanza tra nome dell'azienda e prodotti proposti creava confusione dal punto di vista del brand.

È per questo motivo che, pur non disfacendoci del dominio Autostima.net, sempre molto ben indicizzato nei motori di ricerca e nei preferiti, siamo tornati al nostro brand originale, ovvero Bruno Editore, la S.r.l. che c'è dietro ad Autostima.net e che ha ventidue anni di storia.

Tutti coloro che intendono proporre un loro prodotto sul mercato debbono lavorare sul posizionamento del proprio brand, noi per primi. Tutte le componenti sono importanti: la giusta immagine, ciò che trasmetti al pubblico che assiste ai tuoi corsi, ciò che scrivi su un blog, ogni tua singola parola.

SEGRETO n. 21: il nome deve essere rappresentativo dell'azienda o del prodotto e immediatamente riconoscibile da parte del pubblico.

Ma cerchiamo di carpire i segreti di chi ha avuto successo. Il miglior sito da visitare, se si vogliono acquistare libri online, è "Books.com"? No, si chiama Amazon.

Il sito di aste online più visitato si chiama forse "Auction.com"? No, eBay. eBay è un nome inventato, totalmente nuovo, non una parola chiave banale e generica.

Il motore di ricerca per eccellenza non è "Motorediricerca.it": è Google.

La maggiore azienda che vende libri online in Italia non è "Libri.com": è IBS.

Quindi il nome di dominio non è, nella storia, una componente necessariamente associata al successo. È il marchio ad essere molto importante, è grazie ad esso che la gente ti trova. Digita il tuo nome su Google, oppure impara il nuovo indirizzo del tuo sito, e arriva a te.

Skebby è un software per inviare sms gratis dal proprio cellulare. Lo ha creato Davide Marrone, amico nonché nostro collaboratore da dieci anni.

Durante il mese di agosto di alcuni anni fa Skebby è finito su un articolo online del *Corriere.it*, e dopo mezz'ora ne parlava il telegiornale. Skebby era sul nostro server, che è andato in tilt perché a seguito di questa enorme risonanza mediatica abbiamo avuto un'immensa quantità di accessi nel giro di dieci minuti. Per fortuna era agosto e non c'era molto traffico.

Perché Skebby ha avuto tanto successo? Davide Marrone non è stato il primo a creare un software di questo tipo, ce n'erano altri simili in circolazione. Ma, d'altronde, per avere successo con un prodotto o un servizio non occorre necessariamente essere i primi a crearlo. Cosa ha fatto di diverso l'autore di Skebby? Ha dato un nome particolare al suo software, inventandolo di sana pianta.

Ha ideato alcuni nomi, dopodiché li ha cercati su Google e ha individuato quelli che ottenevano zero risultati; li ha elencati in una lista e me l'ha inviata perché lo aiutassi a scegliere. Io ho consigliato "Skebby" perché assomigliava a "Skype", mi piaceva come assonanza e, alla fine, è stato scelto proprio quel nome.

Per Skebby non sono state fatte azioni di marketing, solo passaparola a migliaia di visitatori. Il software ha avuto la fortuna di finire su tutti i media ottenendo una visibilità veramente molto grande, che gli ha permesso di diventare famoso da un giorno all'altro.

Questo è il potere di un nome inventato, e quindi unico. Se oggi digiti la parola "Skebby" su Google, otterrai 60.000 risultati. Da zero a 60.000: non male! Ecco perché le parole generiche non vanno bene. Se si fosse chiamato "Invio sms gratis", come magari qualche anno fa avrei suggerito al suo ideatore per ottenere un buon posizionamento, non sarebbe finito al telegiornale, stanne pur sicuro.

SEGRETO n. 22: in internet il nome del dominio non è una

componente necessariamente associata al successo; è il marchio ad essere molto importante, ovvero il nome associato al prodotto o servizio.

MyLifeTv è una televisione online che raccoglie interviste rilasciate da grandi formatori nazionali e internazionali. Gli autori di MyLifeTv stanno facendo un ottimo lavoro e hanno concentrato la loro attenzione sul brand.

Quindi l'idea è stata quella di creare un nome molto specifico legato al concetto personale di vita, alla crescita personale; un nome che è stato scelto con cura, un logo molto particolare. Per questo noi abbiamo distribuito con loro, in coedizione, alcune nostre pubblicazioni.

SEGRETO n. 23: un nome molto specifico, magari associato alla crescita personale o professionale, spesso risulta vincente.

Dietro a tutti i nomi c'è un lavoro. Parliamo del nome dell'Häagen-Dazs, considerato il miglior gelato in commercio, il più cremoso e anche uno dei più costosi, dato che a parità di confezione costa 2-3 euro più degli altri. Cos'ha di speciale? Il nome. Di primo acchito certo diresti che è un nome danese o olandese: non è così?

No. È un gelato americano inventato da un tizio di New York che evidentemente conosce a menadito i segreti della percezione umana. Il gelato europeo è generalmente percepito come più buono rispetto a quello americano, dunque l'inventore del gelato Häagen-Dazs ha attribuito un nome che suona come europeo al suo prodotto, che vende benissimo anche se ha un prezzo elevato. Quella che è stata applicata è una strategia di marketing conosciuta come *foreign branding*: marchio straniero.

Questo a riprova del concetto secondo il quale il prezzo, a un certo punto, non fa più la differenza. Quando il valore di un prodotto viene trasmesso efficacemente, anche attraverso il posizionamento e il brand del produttore, viene percepito dal pubblico e il risultato è questo: qualunque sia il prezzo, si vende.

Certo, nel caso dell'Häagen-Dazs gioca anche il fattore dell'ottima qualità, ma principalmente è la fascinazione che il nome esercita sul pubblico dei consumatori di gelato a decretarne il successo. Lo stesso principio vale anche per i corsi sugli immobili che, pur costando migliaia di euro, sono sempre al completo.

SEGRETO n. 24: a volte anche un nome azzeccato, in grado di colpire positivamente la fantasia del pubblico, riesce a trasmettere efficacemente il valore di un prodotto, tant'è vero che si vende indipendentemente dal prezzo.

Ora è il momento di fare un passo avanti e dimostrare la nostra autorevolezza, la nostra competenza nell'ambito della nicchia di mercato che abbiamo scelto.

RIEPILOGO DEL GIORNO 4:

- SEGRETO n. 20: il "naming", ovvero la scelta di un nome forte e accattivante, è uno degli aspetti più importanti da curare per posizionare il tuo prodotto in maniera soddisfacente.

- SEGRETO n. 21: il nome deve essere rappresentativo dell'azienda o del prodotto, e immediatamente riconoscibile da parte del pubblico.

- SEGRETO n. 22: in internet il nome del dominio non è una componente necessariamente associata al successo; è il marchio ad essere molto importante, ovvero il nome associato al prodotto o servizio.

- SEGRETO n. 23: un nome molto specifico, magari associato alla crescita personale e professionale, spesso risulta vincente.

- SEGRETO n. 24: a volte anche un nome azzeccato, in grado di colpire positivamente la fantasia del pubblico, riesce a trasmettere efficacemente il valore di un prodotto, tant'è vero che si vende indipendentemente dal prezzo.

GIORNO 5:

Come riuscire a dimostrare le tue competenze

Hai scelto il nome del tuo prodotto o servizio? Bene, ora devi dimostrare di essere il leader nella nicchia in cui il tuo prodotto si colloca, il più competente come persona o come azienda.

Quinto segreto è quello del **Demo**, ovvero "dimostra". Dimostra la tua competenza sull'argomento di cui parli, altrimenti non otterrai il successo che desideri. Se non lo farai, anche specializzandoti in un'ottima nicchia, il tuo prodotto non diverrà appetibile per il pubblico. Nello stesso modo, per vendere bene non ti sarà sufficiente pensare a un nome accattivante.

Un prodotto di nicchia e un titolo azzeccato vendono molto bene; è chiaro, però, che se fosse privo di contenuti non avrebbe successo.

Di Massimo D'Amico abbiamo proposto, al prezzo record di

2400 euro, il servizio *Memo Commerce Coaching*, strutturato in dodici sessioni, un'ora a settimana per tre mesi, e destinato a sole dieci persone in tutta Italia. E lo abbiamo venduto bene. Come è stato possibile vendere un prodotto o, in questo caso, un rapporto umano a un prezzo così alto? Chi lo avrebbe comprato se non coloro che già conoscevano Massimo D'Amico, che lo seguivano sul blog, ove era molto presente?

Massimo si è fatto notare parecchio aiutando tutti coloro che avevano dei dubbi circa il suo settore. A chiunque scriveva lui dava una risposta, un feedback. La persona gli chiedeva: «Che ne pensi del mio blog?», e lui rispondeva con una lunga recensione.

Ha partecipato attivamente al blog e lo fa tuttora; in qualche modo si è distinti, ha ottenuto maggiore visibilità. Le persone lo hanno riconosciuto come competente, o meglio, come competente in nicchie che stavano ancora nascendo. Ecco perché è possibile riuscire a vendere così bene i suoi prodotti. Il mio staff, operando una selezione tra gli ebook, deve cercare di capire quanto una persona sia realmente competente nella sua materia; ed è un lavoro difficile. Come si può, da una semplice mail o da un modulo compilato, capire se una persona è o meno preparata?

Ultimamente abbiamo aggiornato il modulo, l'abbiamo reso più capillare al fine di semplificare il nostro lavoro. All'autore che ci invia il suo ebook chiediamo di fornirci, attraverso le sue risposte, una sorta di curriculum: chiediamo che tipo di esperienza ha maturato, da quanti anni lavora nel settore, se ha un sito web.

Deve dimostrarci di essere già qualcuno, perché non possiamo pubblicare tutti coloro che ci propongono un ebook; riceviamo troppe proposte e cerchiamo di selezionarle anche in base alle risposte che i vari autori ci danno. Vogliamo essere sicuri che la persona che ci parla di Borsa abbia effettivamente investito in Borsa per alcuni anni, che chi ci parla di immobili si sia realmente occupato di immobili per un certo periodo di tempo e che chi ci parla di crescita personale abbia perlomeno tenuto dei corsi o abbia già scritto qualcosa che possa attestare la sua competenza. Ciò che ci interessa è che gli autori che scrivono per noi siano preparati, che non mirino a pubblicare con il solo obiettivo di realizzare un business. Anche perché non si diventa miliardari con un ebook, se non sei Dan Brown.

SEGRETO n. 25: dimostra la tua competenza sull'argomento di cui parli; se non lo farai, pur specializzandoti in una nicchia, il tuo prodotto non diverrà appetibile per il pubblico.

Bisogna dedicarsi principalmente alla propria visibilità, al proprio posizionamento, e vedere l'ebook come strumento per affermare la propria leadership. Scegli la tua nicchia, scrivi un ebook sull'argomento per il quale sei realmente competente, pubblicalo e otterrai visibilità. Organizza un corso e ti accorgerai che le persone lo seguiranno perché ti riconoscono come l'autore di quel dato ebook e, dunque, come esperto in materia. Sii presente nei blog "dedicati" e scrivi articoli sul tuo argomento, perché hai autorevolezza in quel dato settore.

Vi sono diverse componenti e vari strumenti che, tutti insieme, creano un brand e permettono di aumentare le vendite, di farsi conoscere, di essere chiamati in causa dai giornali. Per cui datti da fare in tutti i settori che puoi. Alcuni nostri autori, come Patrizio Gatti e Gianluigi Ballarani, allo scopo di acquisire maggiore visibilità, hanno pubblicato degli articoli sui giornali e hanno parlato dei loro prodotti in alcune librerie. Altri, come Cesare

D'Ambrosio, hanno realizzato penne con impresso il proprio nome, il logo della Bruno Editore e il nome dell'ebook.

Sfrutta tutti gli strumenti che hai a disposizione per accrescere la tua visibilità.

Inoltre sfrutta anche ogni occasione offline che ti si presenta. Un nostro autore ha portato alcune copie del suo ultimo ebook a una conferenza cui ha partecipato, per distribuirle al pubblico. È stata un'ottima idea. Segui il suo esempio e mostra il tuo prodotto, parlane, usa tutte le occasioni che hai per farlo.

I nostri autori possono dire di aver pubblicato con la Bruno Editore e di aver scritto articoli per il blog; alcuni di loro tengono corsi e seminari e hanno un loro blog personale. A questo punto il pubblico che li segue ha diversi parametri, online e offline, per valutare la loro competenza nel settore di appartenenza.

Io stesso ho scritto molti ebook, tra cui *PNL Segreta, Investire in Borsa* e *Fare Soldi Online in 7 giorni*. Li prendo ad esempio tra i tanti perché sono tre prodotti completamente diversi tra loro e, secondo il ragionamento sinora seguito, questo sembrerebbe inquinare il mio brand.

In realtà non è così, perché tutte le mie pubblicazioni sono legate da un filo conduttore che le accomuna, ovvero la **PNL**, e dunque, se possibile, rafforzano ancor più il mio legame con essa. Nel caso di *PNL Segreta* si parla della PNL in sé; nel caso di *Investire in Borsa* della PNL applicata agli investimenti in Borsa; nel caso di *Fare Soldi Online in 7 giorni* della PNL applicata al web marketing.

SEGRETO n. 26: sfrutta tutti gli strumenti che puoi usare per accrescere la tua visibilità, anche quelli offline.

Sempre nell'ambito del segreto della demo, ovvero dell'opportunità di dimostrare la propria competenza per ottenere un buon posizionamento, si inserisce il consiglio di dimostrare la propria **competenza vissuta**. Ai nostri autori suggerisco di raccontare storie, aneddoti e soprattutto esperienze e casi personali durante i propri corsi, e di inserirli nei loro ebook.

Sono questi gli argomenti che interessano al pubblico; le persone vogliono capire se chi si rivolge a loro, se colui che è dietro l'ebook che stanno leggendo ha la giusta competenza per parlare di questo o quell'argomento, se con il suo ebook ha inteso compiere una mera operazione di business o se ha realmente intenzione di trasmettere determinati concetti. Se non ricevono una risposta convincente, non comprano.

Se hai letto i miei libri, seguito i miei corsi o videocorsi, sai quante storie e aneddoti vi trovi e quante mie esperienze personali porto ad esempio. Perché parlo di me? Perché, come ti dicevo, così facendo dimostro la mia competenza vissuta. Ecco perché qualsiasi libro io pubblichi vende bene. Quando dico che ho letto 2000 libri in pochi anni, che ho iniziato a praticare la lettura veloce a tredici anni, si tratta di dati veri che mi consentono di acquisire l'autorità di esperto in materia.

Il mio pubblico compra i miei libri non solo perché ama il mio stile semplice e chiaro, ma anche perché sa che parlo di qualcosa che conosco per esperienza vissuta. Occorre dimostrare di avere competenza in tutto ciò che si fa. Se parli di un argomento che funziona ma del quale non sai nulla, al solo scopo di fare business, non arriverai ad alcun risultato; se parli di ciò che fai e che sai fare bene, vedrai che funzionerà.

Dunque, parla anche dei retroscena che ci sono dietro al tuo prodotto o alla tua azienda, di ciò che ti ha portato a creare quel determinato progetto; spiega perché sei diventato uno dei massimi esperti del settore; racconta la tua storia; sfrutta gli strumenti offerti da internet.

SEGRETO n. 27: dimostra anche la tua competenza vissuta raccontando storie, aneddoti, esperienze personali; le persone vogliono capire se chi si rivolge a loro ha competenza per parlare di questo o quell'argomento.

Secondo te la Montblanc è la penna che scrive meglio in assoluto? Non necessariamente. Il Rolex è l'orologio universalmente più preciso? No, non lo è.

Se è così, come mai aziende per le quali la qualità non è il primo valore sono comunque leader di un settore? Perché sono arrivate per prime, hanno individuato la giusta nicchia, hanno scelto un nome azzeccato e hanno lavorato bene sul piano del posizionamento e del marketing.

Chi non parla di sé e non dimostra le proprie competenze non si sa vendere, e in un mercato agguerrito come quello attuale è destinato a soccombere. Per cui, attenzione: lavora sempre con qualità perché altrimenti il mercato ti schiaccerà, ma sappi anche venderti con intelligenza, altrimenti altre persone o aziende che lavorano con minor qualità rispetto a te avranno la meglio e vinceranno la battaglia per il posizionamento.

Analizzando aspetti positivi e negativi dei più grandi siti di e-commerce ho preso spunto del meccanismo di correlazione di Amazon, così come del sistema di nicchia del Giardino dei libri di

Luca Gori e Rosa Tumolo, nostri stimati amici. Prima di procedere alla ristrutturazione del sito, dunque, ho svolto un approfondito studio dei migliori sul campo: li ho "modellati".

Il **modellamento**, strategia propria della PNL, fa ormai parte del mio atteggiamento mentale. Consiste nell'osservare i migliori in ogni ambito per cogliere quali siano i comportamenti che li rendono tali e utilizzarli poi a proprio vantaggio. È per me del tutto naturale osservare le persone, cercare di capire perché alcune siano migliori di altre e cosa facciano per esserlo, estrapolarne il meglio e portarlo a me, in questo caso al mio sito. Se carpisci i segreti dei migliori otterrai un ottimo brand e ti posizionerai benissimo.

SEGRETO n. 28: se aziende per le quali la qualità non è il primo valore hanno successo è perché hanno posizionato bene il proprio prodotto; tu lavora sempre con qualità e allo stesso tempo osservale, modellale e sfrutta i loro segreti a tuo vantaggio.

La Libertà di Raimondo è un free-ebook scritto da Roland Del Vecchio. Un free-ebook è un mini ebook di quaranta-cinquanta pagine in cui si va ad approfondire una piccola parte dell'argomento di cui si è esperti e che, di norma, si distribuisce gratuitamente.

Tempo fa, attraverso il nostro blog, Roland venne contattato da una persona che lamentava problemi di balbuzie e chiedeva il suo aiuto. Iniziò tra i due uno scambio di email private che aiutarono quella persona a migliorare, sino a che il suo problema svanì del tutto. A quel punto il nostro autore, contento del successo riportato, pensò di raccogliere tutte le email e di farne un free-ebook che potesse aiutare altre persone con il medesimo problema: in prima battuta lo abbiamo distribuito gratuitamente sul nostro blog.

Non si è trattato di un'operazione di business, perché il free-ebook è stato distribuito gratuitamente, tuttavia la divulgazione de *La Libertà di Raimondo* ha portato al suo autore decine di nuovi contatti, persone che chiedevano consulenza per risolvere lo stesso problema. Quindi, forse involontariamente, da autorità in materia di coach sportivo è diventato, agli occhi del pubblico, l'esperto in tema di risoluzione di problemi di balbuzie.

Ai nostri autori consiglio di avere come obiettivo principale quello di aiutare gli altri a migliorare la qualità della propria vita, e non il ritorno economico. Anche un blog, come nel caso di Roland, può essere un luogo giusto per dispensare il proprio aiuto, oltre che rendere nota la propria competenza.

Se stilassimo una classifica degli ebook più venduti nella storia recente della Bruno Editore, ci accorgeremmo che i loro autori sono quelli più presenti nel blog. È matematico: il volume di vendite di un ebook è direttamente proporzionale all'assiduità del suo autore nel blog.

SEGRETO n. 29: il volume di vendite di un ebook o di un qualsiasi prodotto è direttamente proporzionale all'assiduità del suo autore nei blog, nei forum e, in genere, sul web.

Ora, per perfezionare il tuo posizionamento e avere successo nel tuo settore, renditi il più possibile visibile al tuo pubblico utilizzando lo strumento principe a questo scopo: il web.

RIEPILOGO DEL GIORNO 5:

- SEGRETO n. 25: dimostra la tua competenza sull'argomento di cui parli; se non lo farai, pur specializzandoti in una nicchia, il tuo prodotto non diverrà appetibile per il pubblico.

- SEGRETO n. 26: sfrutta tutti gli strumenti che puoi usare per accrescere la tua visibilità, anche quelli offline.

- SEGRETO n. 27: dimostra anche la tua competenza vissuta raccontando storie, aneddoti, esperienze personali; le persone vogliono capire se chi si rivolge loro ha competenza per parlare di questo o quell'argomento.

- SEGRETO n. 28: se aziende per le quali la qualità non è il primo valore hanno successo è perché hanno posizionato bene il proprio prodotto; tu lavora sempre con qualità e allo stesso tempo osservale, modellale e sfrutta i loro segreti a tuo vantaggio.

- SEGRETO n. 29: il volume di vendite di un ebook o di un qualsiasi prodotto è direttamente proporzionale all'assiduità del suo autore nei blog, nei forum e, in genere, sul web.

GIORNO 6:

Come utilizzare il Web per il Viral Marketing

Il sesto segreto per ottenere un buon posizionamento è quello del **Web** ed è, ovviamente, lo strumento principale che ti consiglio di usare a questo scopo. Utilizzalo per il **viral marketing**, ovvero per generare un rapido e capillare passaparola virtuale a tuo favore. Io stesso lo uso: la nostra azienda è nata, cresciuta e vive online. Tutti i libri di posizionamento e di branding che troverai in commercio non parlano del web, e questo perché sono stati pubblicati alcuni decenni fa.

Oggi siamo nell'era del Web 2.0 e la gente ha voglia di partecipare online, anche tramite i blog. Puoi scrivere articoli sui blog, partecipare ai commenti, rispondere alle domande e aiutare le persone: in questo modo diventerai l'esperto.

Un altro strumento potente sono i Social Media, che ti permettono di costruire delle relazioni online. YouTube, Twitter, Facebook sono solo alcune delle piattaforme oggi disponibili per incrementare la tua visibilità e costruire una tua reputazione online molto forte.

Non credere che il Web 2.0 non sia alla tua portata. La realtà è che il Web 2.0 è costituito esclusivamente dai normali utenti di internet, quindi, se hai scritto in qualche forum, hai commentato sui blog o hai inserito un video su YouTube o su altri siti simili, in effetti stai già facendo parte del Web 2.0. Oggi il web è la componente fondamentale della propria "reputazione" in relazione a qualsiasi tipo di prodotto.

SEGRETO n. 30: il tuo posizionamento deve passare dal web, dunque usalo per il viral marketing; sfrutta tutti i canali disponibili per affermare il tuo brand.

Non capire la leva offerta dal web significa essere indietro di dieci anni. Adottare un simile atteggiamento significa comportarsi come le case discografiche, che hanno combattuto per anni gli MP3 quando oggi gli stessi costituiscono il loro maggiore provento. Semplicemente si è cambiato formato e si è passati dal cd, che tra l'altro costava molto di più in termini di distribuzione, all'MP3. Il lettore cd si utilizza ancora in auto ma non è più lo strumento più usato per sentire musica in casa.

Sarà così anche per gli ebook. Oggi le case editrici tradizionali sono immobilizzate nella produzione di libri cartacei, ma non appena gli editori si renderanno conto di poter risparmiare il 90 per cento dei loro costi, di non aver più bisogno di magazzini infiniti, di non dover buttare il 60 per cento dei libri invenduti al macero, di non dover abbattere foreste per produrre libri, faranno salti di gioia. Sì, perché saranno i primi a cavalcare la "rivoluzione".

Gli editori più attenti se ne sono già accorti e sono già diversi quelli che hanno scelto di entrare nel mercato degli ebook attraverso la Bruno Editore, per l'esperienza maturata in questi anni e per la possibilità di delegare interamente a noi tutto il processo di pubblicazione, distribuzione e vendita. Infatti il 2009 ha visto l'accordo editoriale con Sperling & Kupfer (Gruppo Mondadori) per la pubblicazione dei primi due ebook della casa editrice, con MyLife Edizioni, casa editrice di Rimini specializzata nel settore della crescita personale, e con la Dante Alighieri, una delle case storiche dell'editoria scolastica.

Proprio grazie alla nostra specializzazione e al nostro posizionamento focalizzato sugli ebook, abbiamo portato la Bruno Editore a diventare, negli anni, il punto di riferimento per gli editori tradizionali interessati a sperimentare il formato elettronico e un nuovo modello di business. Quando anche gli altri seguiranno questa scia, allora l'ebook diventerà più forte del libro cartaceo e lo sostituirà completamente, così come l'MP3 ha sostituito il cd. A quel punto sarà ancor più necessario posizionarsi bene.

SEGRETO n. 31: utilizza il web per rafforzare il tuo brand personale o aziendale e rimani sempre focalizzato sulla tua nicchia.

Alcuni nostri autori esperti di web marketing, come Lorenzo De Santis, Massimo D'Amico, Paolo Console, Daniele D'Ausilio hanno una cosa in comune: hanno scritto dei mini-ebook gratuiti, dei free-ebook.

Questa strategia li ha resi famosi, perché il viral marketing prodotto dai loro free-ebook ha divulgato il loro nome e le loro conoscenze in tutto il web. I nostri affiliati li hanno usati per pubblicizzare meglio gli stessi ebook legati agli autori: tutta pubblicità gratuita.

Se lo fanno loro, che sono esperti di web marketing, che parlano di web marketing e insegnano web marketing, forse è il caso che lo faccia anche tu. Scrivi un breve testo, magari parallelo al tuo ebook, da divulgare a titolo gratuito, solo per fare in modo che le persone ti conoscano. Devi dimostrare la tua competenza, devi differenziarti.

Se il mercato offre venti libri sull'argomento del business online, verrà acquistato, nel dubbio, quello dell'autore reputato come più competente. Però se tu, oggi, vuoi scrivere qualcosa di nuovo, ti devi distinguere, devi trovare la tua nicchia e farti conoscere, dimostrare la tua competenza. E il free-ebook rappresenta un ottimo strumento per dimostrare la competenza.

SEGRETO n. 32: scrivi un free-ebook, magari in parallelo al

tuo nuovo ebook, da divulgare a titolo gratuito per farti pubblicità.

Se hai un'azienda e vuoi promuovere le qualità del tuo prodotto, crea un report del settore nel quale parli di pregi e difetti di un intero mercato di prodotti, e poi mostra come il tuo abbia superato tutti i limiti. Poi distribuiscilo gratis su blog e forum.

Gli autori della Bruno Editore, ad esempio, sono molto attivi sul nostro blog. Scrivono articoli, commentano gli articoli dei colleghi, rispondono a chi chiede aiuto. Il nostro blog è molto visitato: abbiamo una media di 50.000 visitatori ogni mese. Sono ben pochi se paragonati ai visitatori del sito della Bruno Editore, che hanno superato abbondantemente il milione al mese, però sono comunque 50.000 persone del settore.

Si tratta di "addetti ai lavori": web marketer, giornalisti, altri autori e coloro che seguono le news del mio osservatorio sugli ebook. Sono persone interessate a questa nicchia, che quindi domani potrebbero contattare i nostri autori per far loro scrivere un articolo o per parlare in pubblico perché li reputano esperti. Il blog ha, dunque, un target diverso, più ristretto ma molto più importante.

SEGRETO n. 33: diventa molto assiduo nei blog dedicati alla tua nicchia, perché coloro che frequentano i blog sono "addetti ai lavori"; scrivi articoli, rispondi a coloro che ti chiedono aiuto, lascia commenti.

Tra i nostri autori c'è un esperto in materia di YouTube: è Vincenzo Iavazzo, che ha scritto gli ebook *Guadagnare con Emule e Youtube* e *I Segreti del Videomarketing*, ove indica come usare YouTube quale sistema di marketing, e mette in pratica per primo le sue teorie.

Usa anche tu YouTube per acquisire visibilità. Se tieni corsi e seminari, fatti riprendere e carica i tuoi video su YouTube, ciò dimostrerà una volta di più la tua competenza. Renditi visibile anche attraverso questo canale. È un canale in più, è gratis e ha moltissimi visitatori, perché non sfruttarlo? Ma non fermarti a YouTube. Potrai caricare quegli stessi video su mille altri siti che ospitano video gratis. Fallo, usa tutti i canali disponibili! Io stesso ho caricato molti miei video su YouTube, ottenendo oltre 300.000 visualizzazioni.

I nostri autori sono entusiasti dei risultati ottenuti. Tempo fa Daniele D'Ausilio mi ha inviato una schermata di Google con una lunga serie di risultati che lo riguardavano. Felice per il successo ottenuto, mi ha ringraziato dicendomi: «Grazie a voi il mio nome è dappertutto.» Poche ore dopo la pubblicazione del suo libro 2500 affiliati avevano divulgato il suo nome, che era ovunque anche sul blog.

Oggi è più difficile, perché gli affiliati sono come i clienti: vanno conquistati. L'affiliato può pubblicare articoli sul blog, e i più attivi lo fanno: ogni volta che esce un ebook pubblicano un articolo sul blog e lo segnalano. Ma per tanti altri non è così automatico, devono decidere quale ebook pubblicizzare: l'uno o l'altro, questo o quell'autore? Chi si è ben posizionato, chi è il primo o l'unico esperto in una data materia ha buone probabilità di essere scelto e ben pubblicizzato. Il suo nome diverrà noto e, di conseguenza, apparirà in decine di risultati sui motori di ricerca.

Inoltre gli affiliati vanno pazzi per i free-ebook. Vi appongono il proprio codice di affiliazione e li distribuiscono; e dato che si tratta di una risorsa gratuita, li distribuiscono anche i non affiliati. _La Libertà di Raimondo_, il free-ebook di Roland sulle balbuzie, è stato distribuito anche da centinaia di persone non affiliate oltre che segnalato da altri autori. Questo perché chi lo ha fatto ha sentito l'urgenza di diffondere uno strumento ritenuto molto utile.

SEGRETO n. 34: usa anche YouTube e, in genere, i siti ove è possibile caricare video gratis per acquisire visibilità; questo contribuirà a confermare la tua competenza.

Prova a cercare il tuo nome su internet e ti accorgerai che ci sono decine di risultati. Però, quante decine? Ce ne sono cento o diecimila? Questo dipende da quanto hai conquistato le persone. Se non hai mai pubblicato articoli ed espresso le tue opinioni sul web, probabilmente ti conoscono in pochi. Il web è un vantaggio per chiunque voglia pubblicare e, comunque, farsi conoscere:

sfrutta al massimo questa opportunità.

Fai uso dei Social Media. Luigi Centenaro, autore del free-ebook *Personal Branding con i Social Media* e del bestseller *Business con i Social Media* scrive: «I tuoi futuri clienti si fidano molto di più delle opinioni dei tuoi clienti precedenti che della tua pubblicità. Il tuo sito internet aziendale in realtà è Google».

Quindi tieni d'occhio la tua reputazione online, sfrutta community e social media come Twitter e Facebook.

Scopri le applicazioni che sono più affini al tuo business, sfrutta le amicizie e i contatti, mantieni costantemente attivo il tuo profilo incuriosendo e attirando persone sulla tua bacheca, fai conoscere la tua attività.

SEGRETO n. 35: tieni d'occhio la tua reputazione online; sfrutta community e social media come Twitter o Facebook.

E infine apri un blog su di te, sulla tua azienda, o sul tuo prodotto, in modo da essere in contatto diretto con il tuo target di riferimento. Questa è l'idea generale del Web 2.0, dove il contenuto non è più creato dalle aziende ma dagli utenti stessi secondo le proprie esigenze. I blog funzionano, sono uno spazio aperto dove esprimere liberamente le proprie idee e le proprie convinzioni. Il blog può essere anche un diario personale, un modo per tenere traccia dei propri pensieri, un modo per condividere idee.

Molto famoso in Italia, con l'incredibile cifra di 200.000 visitatori ogni giorno, è il blog di Beppe Grillo:

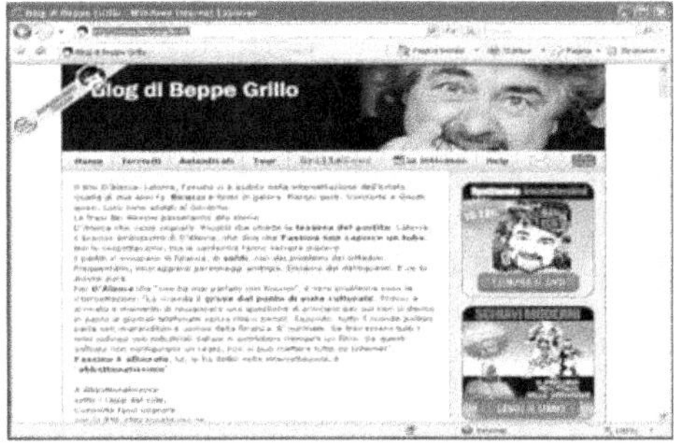

Beppe Grillo, celebre per la sua accanita difesa dei consumatori e i suoi attacchi a politica e aziende famose, ha trasformato una semplice pagina web in qualcosa di più potente di un partito politico: sul suo blog confluiscono milioni di persone al mese che confrontano le loro idee commentando i suoi articoli. Per lui è uno strumento di brand potentissimo.

Persino molte aziende hanno aperto un blog per comunicare meglio con i propri clienti, per rispondere alle domande più frequenti nonché per condurre ricerche di marketing a costi bassissimi. In fondo avere la possibilità di parlare direttamente con i consumatori significa sapere esattamente cosa vogliono, cosa non va bene e cosa può essere migliorato. E si instaura un clima di maggiore fiducia.

Per quanto ci riguarda abbiamo creato il nostro blog semplicemente per condividere le nostre idee con le migliaia di persone che ci seguono ogni mese. Seppur comunico con loro attraverso la newsletter, questo strumento rischia di essere troppo freddo e, per certi versi, troppo commerciale. Al contrario il blog mi permette un rapporto diretto, intenso, di reciproco scambio.

Alcune volte nel blog lancio un'idea e chiedo di lasciare dei commenti per capire come migliorare tutti insieme. Oppure lo uso per aggiornare gli utenti sulle novità alle quali stiamo lavorando.

Una cosa è annunciare in newsletter l'uscita di un nuovo libro, un'altra cosa è aggiornare ogni giorno le persone che ci seguono su tutti i passi che stiamo compiendo.

SEGRETO n. 36: apri un blog su di te, sulla tua azienda o sul tuo prodotto, in modo tale da essere in contatto diretto con il tuo target di riferimento.

Per ottenere un buon posizionamento è anche importante che tu resti focalizzato sul settore che hai scelto: più il blog è focalizzato su una nicchia, più avrà successo.

RIEPILOGO DEL GIORNO 6:

- SEGRETO n. 30: il tuo posizionamento deve passere dal web, dunque usalo per il viral marketing; sfrutta tutti i canali disponibili per affermare il tuo brand.

- SEGRETO n. 31: utilizza il web per rafforzare il tuo brand personale o aziendale e rimani sempre focalizzato sulla tua nicchia.

- SEGRETO n. 32: scrivi un free-ebook, magari in parallelo al tuo nuovo ebook, da divulgare a titolo gratuito per farti pubblicità.

- SEGRETO n. 33: diventa molto assiduo nei blog dedicati alla tua nicchia, perché coloro che frequentano i blog sono "addetti ai lavori"; scrivi articoli, rispondi a coloro che ti chiedono aiuto, lascia commenti.

- SEGRETO n. 34: usa anche YouTube e, in genere, i siti ove è possibile caricare video gratis per acquisire visibilità; questo contribuirà a confermare la tua competenza.

- SEGRETO n. 35: tieni d'occhio la tua reputazione online; sfrutta community e social media come Twitter o Facebook.

- SEGRETO n. 36: apri un blog su di te, sulla tua azienda o sul tuo prodotto, in modo tale da essere in contatto diretto con il tuo target di riferimento.

GIORNO 7:

Come specializzarti e tenere stretto il Focus

L'ultimo segreto è quello del **Focus**, ed è anche il più importante. Occorre focalizzarsi, ossia concentrarsi su quello che si ritiene sia il proprio filone, il proprio settore, e produrre in quel senso, altrimenti si rischia solo di perdere tempo.

Che cosa succede se un autore che ha venduto bene un suo ebook ne scrive un altro di argomento totalmente differente? Che molto probabilmente in questo secondo caso non avrà successo perché avrà repentinamente cambiato il suo focus e disorientato il suo pubblico.

Tempo fa Daniele D'Ausilio mi disse che stava studiando il Forex (Foreign Exchange Market) ossia il mercato finanziario più vasto che esista: vi si incontrano venditori e compratori di ogni parte del mondo; non si tratta di un mercato finanziario reale, bensì telematico, dunque le contrattazioni hanno luogo esclusivamente tramite telefono o internet.

L'argomento lo appassionava e quindi aveva deciso di scrivere un ebook sul tema. Mi chiese consiglio in merito e io gli risposi che così facendo avrebbe spostato il suo focus, che era centrato sul business online, verso un altro settore, ossia la Borsa e gli investimenti. Chi è esperto di una data materia non può di punto in bianco diventare esperto d'altro, non può andare in una direzione opposta rispetto a quella che dovrebbe approfondire.

È invece opportuno concentrarsi sulla propria nicchia, approfondirla ancor di più, renderla ancor più specialistica, restando perciò nel proprio settore d'appartenenza. Questa è la cosa più importante da tenere presente. Purtroppo la maggior parte delle aziende non lo fa, commettendo errori grossolani.

SEGRETO n. 37: focalizzati, ossia concentrati su ciò che ritieni essere il tuo settore e produci in quel senso.

Torniamo ad Amazon. Tutti conoscono la storia di Amazon: è la libreria online più vasta della Terra che ha fatto dei libri un immenso business. L'idea di Amazon è stata geniale, perché una libreria online può avere un catalogo infinito mentre una libreria offline può contenere, al massimo 20, 30, 50 mila libri. Tuttavia Amazon è ormai tutto tranne che una libreria: oltre ai libri vende elettrodomestici, videogiochi, orologi, computer, giocattoli, articoli sportivi.

Qual è il motivo per cui Amazon ha esteso il suo commercio? Per aumentare il fatturato; e, in effetti, è il negozio e-commerce che realizza più vendite, che ha il fatturato più alto al mondo. Tutto questo, però, con una grossa conseguenza: il sacrificio del proprio brand come libreria unica al mondo.

Infatti, la prima cosa che un'azienda di successo deve tener presente non è il fatturato bensì le quote di mercato nel proprio settore; non il guadagno ma la visibilità, l'autorevolezza e, soprattutto, il proprio brand personale.

Ben diverso il discorso di Polaroid, la cui fotocamera era diventata obsoleta. Superata dalle innovazioni tecnologiche, si è però messa in discussione e si è aggiornata mantenendo il punto di forza che l'aveva resa leader sul mercato: la stampa istantanea degli scatti. Questo, sì, è un esempio di azienda focalizzata sulla propria nicchia.

SEGRETO n. 38: un'azienda di successo deve avere presente non tanto il fatturato quanto le quote di mercato, non tanto il guadagno quanto l'autorevolezza, la saldezza del proprio brand.

La cosa più intelligente che un'azienda di successo potrebbe fare è dividere i vari brand, creare dei **sotto-brand** e dar loro nomi distinti che non richiamino il nome originario.

Kodak si è trovata a fare i conti con la tecnologia. In pochi, quando fotografano, stampano ancora tutte le pose scattate. Con le macchine fotografiche digitali si scattano tante foto e si stampano solo le migliori: magari dieci su duecento.

La tecnologia è cambiata ed è scomparso il settore in cui Kodak era leader: dunque l'azienda si è concentrata sulla produzione di macchine fotografiche. In questo caso l'assonanza c'è, il canale commerciale rimane quello: è passata dalla produzione di carta fotografica a quella di macchine fotografiche. Però non è il suo settore, non ha esperienza specifica e deve competere con colossi del calibro di Canon e Nikon, aziende che hanno un brand consolidato nel settore. Capisci che è una lotta molto dura.

L'Alfa Romeo ha prodotto la 8C Competizione, un'autovettura che costa quanto una Ferrari: 150-200.000 euro. Chi comprerebbe un'Alfa Romeo al prezzo di 200.000 euro?

Avendo a disposizione 200.000 euro probabilmente anche tu compreresti una Ferrari o un'Aston Martin e non un'Alfa Romeo, ossia sceglieresti di acquistare un'auto di un brand che significa valore e prestigio, ciò che cerchi in un'auto da 200.000 euro.

Tempo fa l'Holiday Inn, catena di hotel a basso costo, decise di puntare ad attirare clienti di lusso e creò la catena Holiday Inn Crowne Plaza. Ottimi alberghi, con costi simili a Hilton e Marriot. Risultato? Un fallimento colossale. Nessuno voleva pagare 200 dollari a notte per soggiornare in un Holiday Inn, anche se più lussuoso.

Se il brand è legato a una nicchia non può e non deve uscire da quella nicchia. E così decisero di separare i brand.

Crowne Plaza divenne un marchio a sé, completamente staccato da Holiday Inn, con ottimi risultati per il fatturato. Dunque, se proprio devi fare **estensione di linea** e perdere il focus, allora crea un nuovo marchio, un sotto-brand e un nuovo sito dedicato.

Segui l'esempio di Barilla: invece di produrre i biscotti Barilla, che avrebbero creato molta confusione sul posizionamento nel settore pasta, ha ideato la linea Mulino Bianco, oggi leader nel suo settore.

Cosa che invece non ha fatto la Kraft. Cosa mangiamo della Kraft? Le sottilette, la maionese, la salsa ketchup, i formaggini… il nome dell'azienda è associato a troppi prodotti e, quindi, non è riconoscibile immediatamente.

Solo per un prodotto la Kraft è leader di mercato, ed è il formaggio Philadelphia, anche se la maggior parte delle persone non sa che Philadelphia è una marca della Kraft.

La Kraft ha creato un sotto-brand e ha ottenuto quote di mercato, tanto che è leader nel settore dei formaggi spalmabili. Smart è un sotto-brand della Mercedes. Agli occhi del pubblico non risulta che la Mercedes abbia prodotto un'auto da 10.000 euro, perché questo avrebbe danneggiato il suo brand.

L'azienda ha creato il sotto-brand "Smart" e ha prodotto una piccola autovettura molto comoda in città che, seppur piuttosto costosa per il segmento che occupa, ha venduto molto bene.

Se la Smart è un sotto-brand Mercedes, la Mini è un sotto-brand acquisito da BMW senza danni per il suo brand originario: si tratta di macchine diverse con brand diversi.

SEGRETO n. 39: se vuoi fare "estensione di linea" commercializzando prodotti diversi fra loro o dal target differente non usare un unico brand: rischi di indebolirlo. Dividi il tuo brand principale e crea dei sotto-brand.

Donald Trump è un personaggio che ha diffuso il suo nome dappertutto. E siccome tutti lo conoscevano, le banche gli hanno concesso finanziamenti ed è divenuto ricchissimo. Ha però commesso un errore: quello di investire in molte attività diverse fra loro, ovvero palazzi, shopping center, casinò, di tutto.

Alla fine ha fallito ed è rimasto con due miliardi di dollari di debiti. La sua esperienza testimonia che volendo fare tutto, spesso si perde tutto. Non è possibile seguire molte attività diverse con cura e attenzione.

Mantenere il focus è una scelta di brand molto forte. Specializzarsi richiede anche sacrifici e impone di tagliare ogni estensione di linea, ma è vincente sul lungo termine.

L'ho detto prima: ti faresti operare al cuore dal tuo medico generico o preferiresti un cardiochirurgo?

SEGRETO n. 40: non è possibile seguire molte attività diverse con cura e attenzione; volendo fare tutto spesso si perde tutto.

E se hai già "sporcato" il tuo brand con l'estensione di linea, ad esempio pubblicando ebook o prodotti diversi fra loro? Non importa: mettiti nei panni e nella mente dei tuoi clienti e di chi ti conosce. Cerca di capire a cosa ti associano e come ti vedono. Trova un filo conduttore comune tra i tuoi lavori e spiega perché un certo prodotto ti ha portato a un altro.

Lorenzo De Santis, autore de *Il Triangolo del SEO*, ha scritto insieme a Marco De Carlo, che a sua volta ha pubblicato *La Torre di AdSense*, un free-ebook intitolato *AdSense&Seo*.

All'interno si parla, appunto, del SEO (Search Engine Optimization), e cioè di ottimizzazione per i motori di ricerca, e di AdSense, programma pubblicitario pay-per-click di Google. Questo free-ebook, che è stato diffuso gratuitamente anche dagli affiliati, è tornato utile ai due autori per dimostrare le loro competenze e ha avuto una buona risonanza pubblicitaria.

Uno dei nostri autori, Vincenzo Iavazzo, cui ho già fatto cenno nel capitolo precedente, ha scritto quattro ebook completamente diversi tra loro che sono: *Guadagnare con Emule e Youtube*; *Guida Sicura*; *Press Advertising*; *Web Developer*. Difficile trovare una linea guida o una nicchia ben specifica.

Ma non tutto è perduto. Infatti le persone vedono Vincenzo come "l'esperto di YouTube", perché è l'argomento che ha affrontato maggiormente negli articoli del blog, perché è stato il primo a farne un ebook e perché ha scritto dei free-ebook su questo. E se le persone lo percepiscono così, basta prenderne atto e riposizionarsi in questo settore lasciando stare gli altri.

Per questo *I segreti del Videomarketing*, il suo quinto ebook che ha ripreso il filone iniziale, è stato un grande successo.

Persuasione Strategica è un ebook di Giampaolo Pavone, grande esperto di comunicazione, di persuasione e di vendita. Ha scritto una serie di articoli sul blog che hanno conquistato le persone, c'è stata tanta partecipazione e il suo ebook ha venduto molto bene.

Tempo fa ci ha proposto un ebook intitolato *Il meglio di te*. Quando gli ho chiesto che legame ci fosse tra *Il meglio di te* e *Persuasione Strategica* mi ha risposto che l'argomento di fondo era comunque la crescita. È normale che qualcuno che ha necessità di persuadere, come un venditore, debba anche lavorare sull'autostima per stare bene con se stesso e dare il meglio di sé. Il discorso, in linea di massima, mi trovava d'accordo, però difficilmente dall'esterno sarebbe stato percepito questo messaggio e ravvisato il filo conduttore fra i due lavori. Pertanto, prima di procedere a ulteriori pubblicazioni, gli ho consigliato un lavoro sulla comunicazione strategica o sulla vendita strategica, soggetti maggiormente affini al precedente.

SEGRETO n. 41: se hai già "sporcato" il tuo brand con l'estensione di linea cerca di capire come ti vedono e a cosa ti associano i tuoi clienti, e trova un filo conduttore tra i tuoi lavori.

Si può sempre ricominciare da capo, e in questi casi si fa prima ad adeguarsi a come si viene visti che non a cambiare la percezione di migliaia di persone.

RIEPILOGO DEL GIORNO 7:

- SEGRETO n. 37: focalizzati, ossia concentrati su ciò che ritieni essere il tuo settore e produci in quel senso.

- SEGRETO n. 38: un'azienda di successo deve avere presente non tanto il fatturato quanto le quote di mercato, non tanto il guadagno quanto l'autorevolezza, la saldezza del proprio brand.

- SEGRETO n. 39: se vuoi fare "estensione di linea" commercializzando prodotti diversi fra loro o dal target differente non usare un unico brand: rischi di indebolirlo. Dividi il tuo brand principale e crea dei sotto-brand.

- SEGRETO n. 40: non è possibile seguire molte attività diverse con cura e attenzione; volendo fare tutto spesso si perde tutto.

- SEGRETO n. 41: se hai già "sporcato" il tuo brand con l'estensione di linea cerca di capire come ti vedono e a cosa ti associano i tuoi clienti, e trova un filo conduttore tra i tuoi lavori.

CONCLUSIONE

Qualunque sia il lavoro che hai prodotto, affinché abbia successo devi posizionarlo in maniera strategica e comunicarlo agli altri. Se lo farai otterrai visibilità e venderai molto, acquisirai un'autorevolezza che ti potrà poi essere utile in tutti i contesti del tuo lavoro. Essendo l'esperto in un dato settore potrai fare consulenza, coaching, tenere corsi, scrivere libri e creare un'azienda dedicata. Riepiloghiamo ora **i sette segreti** per posizionare efficacemente il proprio brand.

Keyword. Scegli una parola chiave che sia solo tua, e imposta l'associazione tra te o il tuo prodotto e una parola chiave. Quindi, ad esempio: Ebook↔Bruno Editore, Bruno Editore↔ebook.

First. "Go first": sii il primo. Scegli una keyword nella quale sarai il primo e l'unico perché, molto semplicemente, chi arriva primo resta leader nei decenni e addirittura nei secoli: è la storia a insegnarlo.

Nicchia. Individua una nicchia non ancora battuta. Oggi il mercato è divergente, nel senso che vi è un numero sempre maggiore di nicchie e di specializzazioni. Per cui prendi in esame il settore del quale sei esperto e trova la nicchia più piccola e funzionale per te, quella che può fornirti i migliori risultati.

Naming. Trova un nome per il tuo prodotto che sia particolare, caratteristico, facilmente ricordabile e associabile a te come keyword.

Demo. Dimostra in ogni modo la tua competenza, parla degli studi che hai svolto, degli anni di esperienza accumulati, della tua esperienza vissuta.

Web. Internet è lo strumento principe per crearti una tua reputazione d'esperto, il tuo personal brand. Dunque sfruttalo quanto più possibile: scrivi free-ebook, partecipa ai blog, carica i tuoi corsi online, in altre parole proponiti e renditi visibile.

Focus. Una volta costruito il tuo brand rimani focalizzato e non lasciarti distrarre da soldi, fatturato, altre competenze. Rimani saldo, perché più sei focalizzato, anche al prezzo di sacrificare altre competenze che hai, più avrai successo.

Ricorda: chi arriva per primo in una nuova nicchia ci rimane per sempre. Dunque, parti da una keyword ben precisa da associare a te, al tuo prodotto o alla tua azienda. Crea una nuova nicchia dove sei il primo, l'unico e il leader, e dalle un nome significativo e facile da ricordare. Spiega perché tu e il tuo prodotto vi distinguete dagli altri, in cosa siete unici e dimostralo. A questo scopo usa anche il web: è il migliore strumento che hai a disposizione per trasmettere il tuo valore e la tua unicità, e per far parlare di te e del tuo prodotto. Infine rimani focalizzato sulla nicchia che hai scelto e non cadere nella trappola dell'estensione di linea.

Buon posizionamento!

Giacomo Bruno

I 41 Segreti del Posizionamento di un Brand

- SEGRETO n. 1: è facile ottenere un buon posizionamento con una keyword nuova, di tua invenzione.

- SEGRETO n. 2: il posizionamento ottenuto con una keyword generica è, sì, più difficile ma, una volta conseguito, molto solido.

- SEGRETO n. 3: se usi una keyword già sfruttata, il suo valore diminuisce e il tuo posizionamento diventa più difficile.

- SEGRETO n. 4: quando coloro che ti vedono dall'esterno, pur non conoscendo il tuo settore, arrivano a te come potenziali clienti, vuol dire che hai creato una buona associazione.

- SEGRETO n. 5: può capitare che un'azienda leghi a tal punto il proprio nome a una keyword da far sì che divenga esso stesso una parola chiave.

- SEGRETO n. 6: non è la pubblicità che crea il marchio; se il servizio offerto funziona, ed è di qualità, è il passaparola fra gli utenti a decretarne il successo.

- SEGRETO n. 7: segui il tuo progetto perché ci credi e non pensando unicamente al business; non avere l'utile personale come unico fine, perché questo atteggiamento non ti porterà a nulla.

- SEGRETO n. 8: per creare l'associazione biunivoca tra il tuo prodotto e la keyword devi essere il primo, "first"; solo chi arriva per primo viene associato ad un certo settore, ad una data nicchia di mercato.

- SEGRETO n. 9: non ha senso essere inseguitori di qualcuno che è già arrivato per primo e che, dunque, è "first" in un dato settore; trova un nuovo business, una nuova keyword, una nicchia che sia solo tua.

- SEGRETO n. 10: per essere "first" non devi necessariamente essere il primo sul mercato, devi essere il primo nella mente dei clienti.

- SEGRETO n. 11: prima di creare un prodotto rifletti, pensa a una buona strategia per posizionarlo e poi crealo appositamente per quel posizionamento. Ragiona in anticipo.

- SEGRETO n. 12: per essere il primo agli occhi del tuo pubblico non è tanto importante essere il primo a concepire un prodotto, quanto essere il primo a diffonderlo.

- SEGRETO n. 13: chi arriva per primo e diviene leader di un dato settore lo resta negli anni; una volta acquisita la leadership è praticamente impossibile perderla, a meno che non si commettano errori grossolani o che si fallisca.

- SEGRETO n. 14: per un buon posizionamento tieni presente il concetto di "divergenza", ossia differenziati più che puoi, trova una nicchia di mercato, anche piccolissima, ma che sia solo tua.

- SEGRETO n. 15: anche quando avrai individuato una nicchia, non ti fermare, e continua a scavare all'interno di essa, specializzati al massimo.

- SEGRETO n. 16: nel tentativo di individuare una propria nicchia non conviene buttarsi a tutti i costi su un filone di prodotti che funziona; non è detto che i prodotti successivi avranno lo stesso successo del primo.

- SEGRETO n. 17: tu o il tuo prodotto non potete essere generici, dovete essere riconosciuti come unici.

- SEGRETO n. 18: volendo creare una tua nicchia puoi distinguerti modificando uno o più parametri; inoltre, per differenziarti, puoi provare a riposizionare la concorrenza attribuendole una o più keyword negative.

- SEGRETO n. 19: spesso, per arrivare a ottenere il successo, basta modificare un prodotto aggiornandolo, rendendolo più completo e attribuendo ad esso un nome azzeccato.

- SEGRETO n. 20: il "naming", ovvero la scelta di un nome forte e accattivante, è uno degli aspetti più importanti da curare per posizionare il tuo prodotto in maniera soddisfacente.

- SEGRETO n. 21: il nome deve essere rappresentativo dell'azienda o del prodotto, e immediatamente riconoscibile da parte del pubblico.

- SEGRETO n. 22: il nome del dominio non è una componente necessariamente associata al successo; è il marchio ad essere molto importante, ovvero il nome associato al prodotto o servizio.

- SEGRETO n. 23: un nome molto specifico, anche perché associato alla propria vita e crescita personale e professionale, spesso risulta vincente.

- SEGRETO n. 24: a volte anche un nome azzeccato, in grado di colpire positivamente la fantasia del pubblico, riesce a trasmettere efficacemente il valore di un prodotto, tant'è vero che si vende indipendentemente dal prezzo.

- SEGRETO n. 25: dimostra la tua competenza sull'argomento di cui parli; se non lo farai, pur specializzandoti in una nicchia, il tuo prodotto non diverrà appetibile per il pubblico.

- SEGRETO n. 26: sfrutta tutti gli strumenti che puoi usare per accrescere la tua visibilità, anche quelli offline.

- SEGRETO n. 27: dimostra anche la tua competenza vissuta raccontando storie, aneddoti, esperienze personali; le persone vogliono capire se chi si rivolge loro ha competenza per parlare di questo o quell'argomento.

- SEGRETO n. 28: se aziende per le quali la qualità non è il primo valore hanno successo è perché hanno posizionato bene il proprio prodotto; tu lavora sempre con qualità e allo stesso tempo osservale, modellale e sfrutta i loro segreti a tuo vantaggio.

- SEGRETO n. 29: il volume di vendite di un ebook o di un qualsiasi prodotto è direttamente proporzionale all'assiduità del suo autore nei blog, nei forum e, in genere, sul web.

- SEGRETO n. 30: il tuo posizionamento deve passere dal web, dunque usalo per il viral marketing; sfrutta tutti i canali disponibili per affermare il tuo brand.

- SEGRETO n. 31: utilizza il web per rafforzare il tuo brand personale o aziendale e rimani sempre focalizzato sulla tua nicchia.

- SEGRETO n. 32: scrivi un free-ebook, magari in parallelo al tuo nuovo ebook, da divulgare a titolo gratuito per farti pubblicità.

- SEGRETO n. 33: diventa molto assiduo nei blog dedicati alla tua nicchia, perché coloro che frequentano i blog sono "addetti ai lavori"; scrivi articoli, rispondi a coloro che ti chiedono aiuto, lascia commenti.

- SEGRETO n. 34: usa anche YouTube e, in genere, i siti ove è possibile caricare video gratis per acquisire visibilità; questo contribuirà a confermare la tua competenza.

- SEGRETO n. 35: tieni d'occhio la tua reputazione online; sfrutta community e social media come Twitter o Facebook.

- SEGRETO n. 36: apri un blog su di te, sulla tua azienda o sul tuo prodotto, in modo tale da essere in contatto diretto con il tuo target di riferimento.

- SEGRETO n. 37: focalizzati, ossia concentrati su ciò che ritieni essere il tuo settore e produci in quel senso.

- SEGRETO n. 38: un'azienda di successo deve avere presente non tanto il fatturato quanto le quote di mercato, non tanto il guadagno quanto l'autorevolezza, la saldezza del proprio brand.

- SEGRETO n. 39: se vuoi fare "estensione di linea"

commercializzando prodotti diversi fra loro o dal target differente non usare un unico brand: rischi di indebolirlo. Dividi il tuo brand principale e crea dei sotto-brand.

- SEGRETO n. 40: non è possibile seguire molte attività diverse con cura e attenzione; volendo fare tutto spesso si perde tutto.
- SEGRETO n. 41: se hai già "sporcato" il tuo brand con l'estensione di linea cerca di capire come ti vedono e a cosa ti associano i tuoi clienti, e trova un filo conduttore tra i tuoi lavori.